Inés Hoelter

Die Geheimnisse eines charismatischen Auftritts

Inés Hoelter

Die Geheimnisse eines charismatischen Auftritts

Wie Sie zu einem Kommunikationsgenie werden

Trainerverlag

Imprint
Any brand names and product names mentioned in this book are subject to trademark, brand or patent protection and are trademarks or registered trademarks of their respective holders. The use of brand names, product names, common names, trade names, product descriptions etc. even without a particular marking in this work is in no way to be construed to mean that such names may be regarded as unrestricted in respect of trademark and brand protection legislation and could thus be used by anyone.

Cover image: Vom Autor bereitgestellt

Publisher:
Der Trainerverlag
is a trademark of
Dodo Books Indian Ocean Ltd. and OmniScriptum S.R.L publishing group

120 High Road, East Finchley, London, N2 9ED, United Kingdom
Str. Armeneasca 28/1, office 1, Chisinau MD-2012, Republic of Moldova, Europe
Managing Directors: Ieva Konstantinova, Victoria Ursu
info@omniscriptum.com

Printed at: see last page
ISBN: 978-620-2-49425-0

Inés Hoelter

Die Geheimnisse eines charismatischen Auftritts

Wie Sie zu einem Kommunikationsgenie werden

Inés Hoelter

Die Geheimnisse eines charismatischen Auftritts

Wie Sie zu einem Kommunikationsgenie werden

Inés Hoelter

Die Geheimnisse eines charismatischen Auftritts

Wie Sie zu einem Kommunikationsgenie werden

Vorwort

Ich freue mich, dass Sie sich für dieses Kommunikationsbuch interessieren. Es zeigt, dass Sie an Ihrer Präsenz, Ihrer Überzeugungskraft und Ihrem Charisma arbeiten möchten.

Ihre Stimme ist ein mächtiges Werkzeug. Es entscheidet, ob Sie als vertrauenswürdig wahrgenommen werden. Wenn Sie dann noch Ihre Körpersprache koordinieren, Ihren Sprachgebrauch optimieren, dann sollte Ihrem Erfolg auf diesem Gebiet nichts mehr im Wege stehen. Ihre Stimme wird in heutigen Zeiten immer wichtiger. Nicht nur als Führungskraft sollten Sie sich diesem mächtigen Werkzeug widmen, auch als Social-Media-Nutzer, Blogger, Youtuber, Influencer, kurz als self-made Redakteur, ist Ihre Stimme Ihr wichtigstes Kapital.

Das Buch ist in zwei Kapitel unterteilt. Im ersten Kapitel widmen wir uns der Optimierung Ihrer Kommunikationsfertigkeiten. Wir beginnen mit der Stimme, der Stimmführung sowie dem Erlernen von klaren Satzaufbauten und -strukturen. Die zweite Säule ist Ihr Körpereinsatz. Sie erfahren, welche Körperposen Sie einsetzen sollten und welche nicht. Wir halten diesen Part kurz, da es auf dem Markt sehr viele empfehlenswerte Bücher zu diesem Thema gibt. Genannt werden soll hier bspw. Monika Matschnigs Buch „Körpersprache“, erschienen beim GU Verlag. Als dritten Aspekt sprechen wir über den einfachen Aufbau von Reden und Vorträgen sowie das Erlernen von Ad-hoc Reden. So können Sie zu jeder Zeit zu jedem Thema galant einen kleinen Diskurs halten.

Im zweiten Kapitel beschäftigen wir uns mit der Interaktion mit Ihren Mitmenschen. Sie erfahren spannende Dinge zum Small Talk, werden, „elegant schlagfertig“, erlernen, wie Sie zu einem interessantem Gesprächspartner werden (auch und vor allem hier ist Ihre Mitarbeit erforderlich) und lernen sich selbst besser kennen. Ziel ist es, dass Sie in nahezu jeder Situation nicht sprachlos sind, sondern ganz im Gegenteil, als charismatisches „Kommunikationsgenie“ wahrgenommen werden, das in nahezu jeder Situation gelassen und souverän (re-) agieren kann. Dazu sollten Sie sich und Ihre Stärken und Schwächen bestens kennen.

Last, but not least, gebe ich Ihnen eine kleine Knigge mit für berufliche – und im Endeffekt auch private – Anlässe mit. Denn meiner Meinung nach sind die „guten alten Werte" in heutigen Zeiten ins Hintertreffen geraten. Gute Manieren gelten heute oft als unmodern und antiquiert. Zu Unrecht, wie ich finde. Denn gute Manieren helfen uns im respektvollen und vertrauenswürdigen Umgang miteinander. Zudem können Sie, meine ich, gerade jetzt dadurch punkten, dass Sie als „galanter Gesprächspartner" wahrgenommen werden, auf den man sich verlassen kann.

Und Apropos „Partner": Ich verzichte hier bewusst auf die Nennung weiblicher und männlicher Formen. Ich rede hier stets vom Genus, nicht vom Sexus. Meine Damen, Sie sind stets und immer mit gemeint! In diesem Zusammenhang und in Zeiten der Gender - Diskussionen möchte ich hier auch in Einem erwähnen, dass die aufgeführten Beispiele (bspw. zur Wirkung von - wie ich sie hier nenne - „schrillen" Frauenstimmen) weder sexistisch diskriminierend gemeint sind oder gar meine persönliche Meinung wiedergeben. Es handelt sich um fundiert erforschte neuronale Vorgänge, die nichts mit Diskriminierung o.ä. zu tun haben. Vielmehr bin ich, wie die meisten wissen, selber eine Frau (von daher wären diese Überlegungen per sé weit hergeholt), was bedeutet, dass ich mit diesen Beispielen und hier gegebenen Tipps meine Geschlechtsgenossen bzw. -innen ermutigen und stärken möchte, damit sie eben KEINE stimmlichen Nachteile befürchten müssen.

Zur sonstigen Benutzung dieses Werkes möchte ich sagen: Machen Sie es sich zu eigen! Lesen Sie es immer wieder! Streichen Sie sich Passagen an, die Sie besonders ansprechen und sammeln Sie einige Übungen, die Sie sich zu eigen machen möchten! Dazu sind am Ende der Unterkapitel einige Freizeilen vorgesehen - für Ihre Notizen und Übungsziele. Bleiben Sie am Ball! Wie alles, ist auch die Kommunikation ein Feld der Übung! Machen Sie lieber jeden Tag eine Minute drei Sprechübungen, als alle 14 Tage eine Stunde lang. Die tägliche Wiederholung ist effektiver. Das Gleiche beachten Sie bitte für alle weiteren Tipps, die Sie hier erfahren: Nehmen Sie sich für jede Woche eine, maximal zwei Dinge vor, die Sie bei anderen beobachten bzw. die Sie selber anwenden möchten. Wenn Sie alles auf einmal berücksichtigen möchten, überfordern Sie sich schnell und fallen in Ihre alten Muster zurück.

Die Inhalte des vorliegenden Werkes sind meinem Seminar- und Trainingsprogramm entlehnt und können ebenfalls live und in Farbe mit anderen Teilnehmern oder auch privat erfahren und erlernt werden. Auch können Sie Teile aus dem ersten Kapitel in meinem E-book „Sprechübungen & Wissenswertes zu Ihrer Stimme" sowie auf dem MP3 „Stimm-Workout I" (erhältlich bei amazon.de) wiederfinden.

Danken möchte ich den vielen anderen Kommunikationsexperten, die mich gelehrt und/oder inspiriert haben. Als da wären Katharina Koschny, Ewa Latoszek, Joe Navarro, Paul Ekman, Samy Molcho, Joachim Aich, Monika Matschnig, Suzanne Grieger-Langer, die NLP Größen Richard Bandler und John Grinder und - last but not least - dem wunderbaren Nikolaus B. Enkelmann, den ich zutiefst bewundere und der meiner Meinung nach ein absoluter Vorreiter und -denker auf dem Gebiet der Kommunikation war.

Doch zurück zum vorliegenden Werk. Ich freue mich, Sie auf dem Weg Ihrer Kommunikationsoptimierung begleiten zu dürfen!

Viel Vergnügen beim Durcharbeiten dieses Buches wünscht Ihnen

Ihre

Inés Hoelter

Inés Hoelter

Die Geheimnisse eines charismatischen Auftritts

Wie Sie zu einem Kommunikationsgenie werden

Kapitel I. Ihre Kommunikationsfertigkeiten

„Das erfolgreiche Leben beginnt in dem Moment, in dem Sie beginnen, erfolgreich zu sprechen."

Nikolaus B. Enkelmann

1. Ihre Stimme

Warum möchten Sie eigentlich Ihre Stimme und Ihren Auftritt optimieren? Warum sind diese beiden Säulen in der Kommunikation so wichtig? Ist es nicht so, dass, wenn Sie im Inhalt sicher sind, die Dinge doch gut laufen müssten? Sicherlich haben Sie schon einmal etwas von der 38-55-7 Regel gehört. Sie besagt, dass die Stimme 38% vom Gesamtausdruck ausmacht, der Körper und seine Sprache ganze 55% - und der Inhalt lediglich 7%! (Die Zahlen variieren je nach Studie ein wenig, wichtig für uns ist, wie hoch der Körper-Stimme-Anteil und wie niedrig der Inhaltsanteil ist). Wie kommt das? Wenn wir über Kommunikation sprechen, sprechen wir über archaische, meist unbewusste Abläufe in unserem Gehirn. Wenn wir etwas anderes sehen (Körpersprache), als das, was gesagt wird (Inhalt), bleibt ein „Geschmäckle". Wir sind im Zwiespalt und wissen nicht, was wir glauben sollen. Unser Verstand rät uns, auf den Inhalt zu vertrauen. Doch unser Urwissen weiß es besser: Der Körper hat etwas anderes gesagt. Das berühmte „schlechte Bauchgefühl" setzt ein. Wir erachten diese Person unwillkürlich als nicht vertrauenswürdig. Genau darum geht es aber in der (wertschätzenden) Kommunikation: Sie möchten und sollten bestenfalls **Vertrauen** und **Sicherheit** aufbauen können und wollen! Und das können Sie nur, wenn das Gesagte (Inhalt) mit dem Gesehenen (Körper) und Gehörten (Stimme) übereinstimmt. (Und hier erahnen Sie bereits, wo die manipulativen Techniken einsetzen. Denn natürlich können Sie auch genau das Gegenteil tun, nämlich immer dann, wenn Sie Unbehagen und Unsicherheiten im Zuge von Machtspielen stiften wollen.)

Wir können diesen „double bind", gegen den wir uns nur schwer wehren können, anhand eines bekannten Beispiels beleuchten: Der „schrillen Stimme". Denken Sie an eine helle, im Kopf gesprochene Frauenstimme. Können Sie dieser Stimme gut zuhören oder fällt es Ihnen schwer? Wenn Sie wie die meisten von uns empfinden, fällt es Ihnen schwer. Das ist vielleicht gemein, aber nicht unlogisch. Denken Sie immer daran, dass wir uns, wenn wir über Körpersignale und ihre Wirkungen auf uns sprechen, über unser Stammhirn sprechen. Und hier lungern unsere uralten Instinkte. Und die haben leider noch nichts von political correctness gehört. Also. Wenn Sie ergründen möchten, warum wir schrille Stimmen als unangenehm empfinden, sollten Sie zuerst einmal in sich gehen und überlegen, wann unsere Stimmen hochgehen. Denn wann gehen unsere Stimmen hoch? Genau! Wenn wir aufgeregt sind! Nun gibt es schöne Aufregung (Freude) und negative Aufregung (Angst). Und hier greift ein weiteres wichtiges Momentum: Wenn wir unsicher sind, ob es sich um eine positive oder negative Färbung handelt, für welche Variante entscheiden wir uns? Richtig! Für die negative. Damals war es einfach wichtig, ob das, was da auf dem Boden liegt, ein Stock oder eine Schlange ist. Das tragen wir bis heute mit uns herum. Und daher tendieren wir heute immer noch gerne zur „sicheren" Variante. „Im Zweifel für den Angeklagten" kommt hier nicht zum Tragen. Eher das Gegenteil. Wenn wir also schrille Stimmen hören, setzt (unwillkürlich) unser Fluchtinstinkt ein. Wir wittern „Gefahr". Unser Gehirn kann einfach nicht anders. Auch wenn wir als „aufgeklärte Menschen" es besser wissen (oder wissen sollten). Zu verankert sind diese archaischen Muster. Nun ist es nicht so, dass wir als aufgeklärte Menschen fluchtartig den Saal verlassen, wenn wir hohe Stimme hören, dazu sind wir glücklicherweise schon in der Lage. Doch die Auswirkung ist all zu oft, dass wir allein wegen der „nicht optimalen Stimme" den Inhalt (unbewusst) ablehnen. Ja, meine Damen, für uns ist es also doppelt wichtig, uns unserem Stimmorgan zu widmen. Oftmals verwechseln wir freundliche Stimme mit hochgeschraubter Stimme. Begehen Sie nicht diesen Fehler oder reden Sie allenfalls in Ihrer Kopfstimme mit kleinen Kindern oder Hunden, wenn Sie Ihre Begeisterung so mitteilen möchten. Im Beruf kann ich Ihnen dazu nicht raten! Möchten Sie als Frau im Business ernst genommen und als kompetent erachtet werden,

„sombrieren" Sie Ihre Stimme! Ihre Stimme ist im Brustraum besser aufgehoben! Eine Stimme aus der Brust gesprochen ist ein höchst wichtiger Erfolgsfaktor! Wenn Sie Ihre Kommunikationsfertigkeiten optimieren möchten, optimieren Sie Ihre Stimme! Eine sichere und feste Stimme, sowie eine klare, deutliche Artikulation überzeugt Ihre Zuhörer und lässt Sie selbstbewusst und kompetent wirken. Dieses gilt sowohl für Herren als auch Damen. Eine sympathische, kompetente Stimme ist also ein Türöffner für Sie - sowohl im privaten als auch beruflichen Kontext. Doch wann ist eine Stimme sympathisch und kompetent?

Wir empfinden eine Stimme als sympathisch und überzeugend, wenn sie in ihrer **Wohlfühlsprechlage** gesprochen wird, also nicht zu hoch und nicht zu tief klingt, und wenn sie – dem Thema entsprechend angepasst - optimal **moduliert** ist, also ein schönes Spiel aus laut-leise, schnell-langsam, Melodie und Strenge aufweist.

1.1 Indifferenzlage der Stimme

Als Allererstes: Lernen Sie in Ihrer Wohlfühlsprechlage zu sprechen. Wenn Sie in Ihrer Wohlfühlsprechlage – oder auch Indifferenzlage - sprechen, wecken Sie bei Ihren Zuhörern **Vertrauen** und vermitteln das Gefühl von **Geborgenheit**. Positiver Nebeneffekt: Die Wohlfühlsprechlage ist die Stimmlage, in welcher Sie automatisch am mühelosesten, also mit der geringsten Anstrengung, sprechen. Wenn Sie in der Indifferenzlage sprechen, sprechen Sie automatisch weder im Kopf noch im Hals, sondern in der Brust! Und die Bruststimme wiederum steht für „Führung"!

! Übung

Sie finden Ihre Indifferenzlage, indem Sie sich vorstellen, Sie würden gerade etwas Leckeres essen und dazu **MMMH** machen. Der Ton, in dem Sie dieses MMMH automatisch und ohne Nachzudenken machen, ist Ihre Indifferenzlage. Eine andere Methode ist, sich vorzustellen, Sie würden telefonieren und dabei ein unaufgeregtes „hmm hmm" zu machen. So, wie Sie es machen, wenn Sie signalisieren möchten, dass Sie zuhören.

Sie merken bestenfalls: Der Stimmsitz befindet sich bei Ihrer Indifferenzlage in Ihrer Brust. Und genau da gehört der Stimmsitz hin. Wenn Sie aus Ihrer Brust heraus sprechen, signalisieren Sie Entschlossenheit, Souveränität, Führungsqualitäten und Ruhe. Das Gebot für Sie heißt also: Raus aus dem Hals, hin zum Oberbauch. Eventuell haben Sie den Eindruck, dass Sie jetzt „viel zu tief" sprechen. Wahrscheinlicher ist eher, dass Sie bislang etwas zu hoch gesprochen haben. Auch das gilt insbesondere für uns Damen. Also: Runter mit der Stimme, „sombrieren" Sie sie, und sprechen Sie entspannt aus Ihrer Brust.

1.2 Modulation der Stimme

Entsprechend des Anlasses haben Sie die Möglichkeit, Ihre Stimme und Ihre Sprechmelodie anzupassen. Gehen Sie einmal in Ihren Körper und machen Sie sich auf die Reise in ihre Gefühle

! Übung

Stellen Sie sich eine Situation vor, in der Sie

a) wütend

b) ängstlich/verschreckt

c) voller Freude

und

d) absolut traurig

waren. Durchforsten Sie Ihren Körper ganz genau! Woran merken Sie körperlich, dass Sie wütend/ängstlich/freudig/traurig sind? Was FÜHLEN Sie? (Und bitte lassen Sie Gedanken und Analysen weg)

Was machen Ihre Muskeln, was macht Ihr Atem?

Wenn Sie wütend sind, fühlen Sie

- muskuläre Anspannung gepaart mit dem Wunsch, sich auszuagieren.

(Sie möchten Ihrem Gegenüber am Liebsten eine Ohrfeige geben oder ein Glas zertrümmern, wenn Sie dürften)

Wenn Sie Angst haben, fühlen Sie

- muskuläre Anspannung gepaart mit dem Wunsch zu erstarren.

(Sie möchten nicht entdeckt werden. Oftmals vergessen wir gar zu Atmen)

Wenn Sie frohlocken, fühlen Sie

- muskuläre Entspannung gepaart mit dem Wunsch, sich auszuagieren.

(Sie tanzen, Sie möchten am liebsten die ganze Welt umarmen)

Wenn Sie in Trauer sind, fühlen Sie

- muskuläre Entspannung mit dem Wunsch, sich möglichst nicht zu bewegen.

(Sie fühlen sich betäubt, fast körperlos, alles zieht nach unten)

Sie merken, es geht hier vor allem um zwei Aspekte: Muskuläre Anspannung, ja, nein? Und: Bewegung, ja, nein? Die unterschiedlichen Paarungen haben zur Folge, dass wir in völlig verschiedenen emotionalen Zuständen sind. Faszinierend, oder? Doch, was hat das nun mit unserem Kommunikationsgebahren zu tun?

Haben Sie einmal einen Trauerredner erlebt, der mit lebendigen Körperbewegungen und viel Singsang in der Stimme über den Verstorbenen spricht? Wahrscheinlich nicht. Und es wäre auch unangebracht! Intuitiv würden wir diesen Redner als pietätlos erachten.

Passen Sie also Ihre Gebärden und Ihre Stimmmelodie dem Sprechanlass an.

Wenn Sie ein brisantes Thema vortragen müssen, beispielsweise einen Changeprozess vorantreiben müssen, nehmen Sie als Treibstoff die **Wut:** Nehmen Sie entschlossene Gesten und sprechen Sie mit fester, aus dem Bauch kommender, **eher lauter** Stimme. Die Melodie ist hier eher weniger im Einsatz, Sie sprechen meist auf Punkt bzw. mit Ausrufezeichen (ich komme später noch darauf zurück, unter „Intonation“). Wenn wir wütend sind, reden wir meist **eher schnell** (wenn jemand langsam und leise in seiner Wut spricht, sollten Sie ernsthaft auf der Hut sein, denn dann wird es gefährlich).

Wenn Sie über ein **freudiges** Thema sprechen, dürfen Sie gerne energetischer wirken. Nehmen Sie **lebendige Gesten** dazu und in Ihrer Sprechmelodie darf **gerne mehr Melodie** zu hören sein. Natürlich gehört ein **freundliches Gesicht** dazu, sonst glaubt Ihnen keiner, dass Sie sich freuen. Auch hier reden wir eher laut als leise und eher schnell als langsam.

Wenn Sie über ein **trauriges** Thema sprechen (müssen), nehmen Sie **wenige und dezente Gesten**. In Trauersituation sprechen wir eher **langsam und leise**. Die Energie ist generell geringer. Auch die **Melodie ist gering**.

Mit **Angst** sollten Sie nie sprechen. Die Signale der Angst sind insofern jedoch für Sie von großer Wichtigkeit, als dass Sie wissen sollten, welche Merkmale für Angst stehen – mit dem Ziel, dass Sie **diese Gesten und Sprechgewohnheiten tunlichst vermeiden**!

- gehetztes, leises, undeutliches Sprechen

- wenig bis keine Körperregungen

- fehlender Blickkontakt

- schneller Atem

Alles das signalisiert Ihren Zuhörern, dass Sie ängstlich und angespannt sind. Wenn Sie schon einmal von den Spiegelneuronen gehört haben, wissen Sie, dass deswegen Ihre Zuhörer innerhalb weniger Zeit selber unruhig und angespannt werden. Ferner rutschen Sie in Ihrem „Standing“ ganz schnell in einen Tiefstatus. Auch den gilt es als guter Sprecher zu vermeiden. Sie wollen ja nicht als Bittsteller oder Underdog wahrgenommen werden, sondern als kompetenter, wertvoller und ernstzunehmender Gesprächspartner.

Wenn Sie es schaffen, diese verschiedenen Emotionalitäten mit den Inhalten Ihrer Rede oder Ansprache abzustimmen, haben Sie bereits das Wichtigste, was einen begnadeten Redner ausmacht, geschafft. **Unterstreichen des Inhaltes anhand Ihres Sprech- und Körpereinsatzes ist die Königsdisziplin.** Vor allem die Freude ist hier für Sie von Wichtigkeit. Denn die Eigenschaften der Freude benötigen Sie, um motivieren und begeistern zu können. Und begeistern können Sie nur, wenn Sie selber begeistert sind! Denken Sie immer daran: **Gefühl schlägt Intellekt!** Sollten Sie versuchen, Ihre Gesprächspartner über den Intellekt, also die Vernunft erreichen zu wollen, machen Sie es sich ungleich schwerer!

Natürlich ist noch kein Meister vom Himmel gefallen. Daher schauen wir uns jetzt systematisch einige Sprechübungen an.

1.3 Sprechübungen

Ein gewinnendes Sprechen kommt nicht von selbst und will gut eingeübt und trainiert werden. Ihren Stimmsitz haben Sie jetzt bestenfalls optimiert. Denken Sie vor jedem Sprechauftritt an „Ihr" leckeres Essen und machen ein entspanntes und genussvolles „mmmmh". Bald werden Sie es nicht mehr laut machen müssen. Es wird reichen, wenn Sie nur daran denken und Ihre Stimme rutscht in den richtigen Raum, Ihre Brust.

Bei den folgenden Übungen stellen Sie sich bitte entspannt, wenngleich aufrecht hin. D.h. Ihre **Beine stehen hüftbreit**, die **Knie sind nicht ganz durchgedrückt**, der **Rücken ist aufrecht**, das **Kinn im rechten Winkel zum Brustbein. Die Schultern** haben nichts(!) mit der Atmung zu tun. Sie **hängen entspannt nach unten,** ziehen weder nach hinten, noch hängen sie nach vorne. Dieser Stand ist auch Ihre Ausgangsposition für Reden vor Publikum. Bis auf den Armeinsatz stehen Sie genauso, bevor Sie zu Leuten sprechen. Doch dazu kommen wir später noch einmal zu sprechen.

1.3.1 Atemübungen

Wir beginnen mit dem Atem. Denn offenkundig ist der Atem wichtig für den Vorgang des Sprechens. Ein Atemzug besteht aus **drei** Teilen

- Einatmen
- Ausatmen
- Natürliche Pause (meist nach dem Ausatmen)

Den Ausatem nutzen wir, um unsere Stimmlippen (wir sprechen fälschlicherweise meist von unseren Stimmbändern) zum Schwingen zu bekommen. Je flacher der Atem, desto flacher und dünner die Stimme. Auch hier greift wieder das obige Beispiel der Angst: flache, schnelle Atmung signalisiert Angst (egal, ob Sie wirklich Angst haben oder nicht). Umgekehrt können Sie keine Angst verspüren, solange Sie tief und ruhig atmen. Und eine tiefe, ruhige Atmung steht für Entspanntheit, Souveränität und Vertrauenswürdigkeit. Nachgewiesenermaßen verringert sich die gesamte Herzfrequenz durch die richtige Atmung. Einen vollen Atem bekommen wir durch ein lockeres, volles Einatmen, und zwar in den Bauch und nicht (nur) in die Brust. Wir wollen weg von der Brust- (oder Hoch-) hin zur Bauchatmung! Durch die Bauchatmung wird das Zwerchfell nach unten gedrückt und massiert dort gleichzeitig die Organe. Versuchen Sie sich vorzustellen, Ihr Körper sei ein Blasinstrument.

! Übung

Setzen oder stellen Sie sich aufrecht hin. Achten Sie dabei darauf, dass Ihr Rücken und Ihre Wirbelsäule eine senkrechte Gerade bilden. Nehmen Sie den festen Untergrund wahr, der Sie sicher trägt. Spüren Sie Ihre Füße, wie Sie fest mit dem Boden verwurzelt sind und die Ihnen einen sicheren Stand gewähren. Nun nehmen Sie sich die Zeit das natürliche Ein- und Ausfließen Ihres Atems zu spüren. Legen Sie die Hand auf den Bauch, **atmen Sie in den Bauch, als wollten Sie einen Rettungsring in Bauch, Taille und Rücken legen**.

Für diese Übung beginnen Sie am besten immer damit, auszuatmen. Lassen Sie all die Anstrengungen, all die Sorgen und Konflikte des Tages mit einem **kräftigen Seufzer** los.

Nun atmen Sie ein und spüren Sie dabei wie sich Ihre Lungen und Ihr Bauchraum mit frischer unverbrauchter Luft füllt. Sie können diese Atemübung gerne noch ein paar Atemzüge lang fortsetzen.

Wenn Sie nun innerlich soweit sind und Sie sich in Ihrem Körper angekommen fühlen, atmen Sie erneut tief ein und mit dem nächsten Ausatmen bilden Sie mit leichten, ungespannten Lippen ein stimmloses FFFFFFF bzw. ein stimmhaftes WWWWW. Spüren Sie wie dabei Ihre Lippen vibrieren und sich diese angenehme Vibration auch auf Ihren Kopf- und Halsbereich ausbreitet.

Machen Sie sämtliche Übungen immer nur so lange sie Ihnen gut tun. Sollte Ihnen unwohl oder schwindelig werden, machen Sie eine Pause und setzen sich hin.

Alternativ können Sie diese Übung im Kutschersitz ausführen. Dabei sitzen Sie bequem breitbeinig und haben Ihre Unterarme lässig auf Ihren Oberschenkel abgestützt. Atmen Sie einen Rettungsring in Bauch, Taille und Rücken. Atmen Sie auf FFF aus. Diese Übungen hilft Ihnen auch, sich zu entspannen, wenn Sie aufgeregt sind.

- Schnüffeln Sie durch die Nase 3x kräftig ein, atmen Sie auf ein stimmloses FFF oder SSS lang aus.

- Atmen Sie ein und dann langsam auf MOOOH aus. Zählen Sie dabei im Kopf mit. Das ganze wiederholen Sie. Bestenfalls gelingt es Ihnen, Ihren Ausatem jedes Mal zu verlängern. Machen Sie dies in verschiedenen Höhen.

- Atmen Sie natürlich ein, dann sprechen Sie folgenden Satz. Sprechen Sie erst eine Zeile, dann zwei, dann drei, usw., bis sie den ganzen Satz mit einem Atemzug entspannt sprechen können:

Herr von Hagen

Darf ich's wagen

Sie zu fragen

Wieviel Kragen

Sie getragen

Als sie lagen

Krank am Magen

Im Spital

Zu Kopenhagen

1.3.2 Stimm Warm-Up

Bevor wir die Stimme fordern, sollten wir Sie aufwärmen. Genau wie ein Motor, der erst warmläuft oder eine Fahrradkette, die geölt werden möchte.

! Übung

- Summen Sie in Ihrer Indifferenzlage ein MMMMM bis Ihre Lippen vibrieren
- Summen Sie ein MMAAAA. Gehen Sie dabei die Stimmleiter rauf und runter, „ölen" Sie Ihre Stimme!
- Summen Sie mit übertriebener Kaubewegung und gleichzeitig geschlossenem Mund. Gerne klopfen Sie sich dazu auf die Brust. Auch hier gehen Sie gerne mit Ihrer Stimme rauf und runter.
- Seufzen Sie auf HA HA HA aus.
- Sprechen Sie ein JAAAA BLAUUUU mit übertriebener Mundbewegung.

1.3.3 Zwerchfellübungen

Das Zwerchfell ist unser **größter Atemmuskel** und damit für die schonende und effektive Stimmerzeugung von großer Bedeutung. Die folgenden Übungen helfen, die Elastizität und Kontrollierbarkeit des Zwerchfells fördern zu können.

Nehmen Sie bei den Übungen immer mal wieder **die Hände auf Ihre Bauchdecke**, um zu spüren, wie Ihre Bauchdecke – bzw. das Zwerchfell – rauf und runter geht und arbeitet. Diese Übungen sind wichtig, sollten Sie das Ziel haben, in Zukunft mit der „berühmt berüchtigten" Stütze sprechen zu können.

! Übung

- Machen Sie eine Eisenbahn nach und machen ein SCHE SCHE SCHE und ein TE SCHE KE.
  Diese Laute sollten schön aus dem Bauch kommen!
- Lachen Sie laut und aus dem Bauch heraus!

Übrigens: Auch beim Vorgang des Hustens arbeiten Sie aus dem Zwerchfell heraus

1.3.4 Stimmkräftigung

Um laut und überzeugend Sprechen zu können, brauchen Sie natürlich eine gut trainierte Stimme. Wie bei anderen Übungen zum Muskelaufbau, geht es auch hier darum, den Muskel – in diesem Fall den Musculus vocalis - zu stärken und zu fordern. Machen Sie dazu folgenden Übungen.

! Übung

- Rufen Sie ein kräftiges HEY oder HO in den Raum.
- Nehmen Sie eine gezielte Handbewegung mit dazu!
- Machen Sie einen Karnevalstusch auf TETEE TETEE TETEE nach. Nehmen Sie nacheinander die verschiedenen Vokale als Variation (TATAA TATAA TATAA, TITII TITII TITII etc.) und gehen Sie die Tonleiter rauf und runter.

Übrigens soll Löwengebrüll über Unsicherheiten hinweg helfen!

1.3.5 Artikulationsübungen

Natürlich sind alle vorherigen Übungen nichts, wenn wir nicht - quasi als Königsdisziplin – unsere Lippen sorgsam formen, unsere Zunge aktivieren und unseren Mund beim Sprechen öffnen. Wie sonst könnte man uns anständig verstehen. Um die Lippen und die Zunge flexibel und beweglich zu halten, sprechen Sie folgende Übungen **jeweils 10x** möglichst sauber und möglichst schnell hintereinander weg. Artikulieren Sie übertrieben!

! Übung

- OS OSCH OS OSCH
- tatatata-tetetete-titititi-totototo-tutututu
- herrschsüchtig
- Schlafzimmerzofe
- Breitrandschildkröte
- Semmmelknödel
- tschechisches Streichholzschächtelchen
- Massachussets
- In Ulm, um Ulm und um Ulm herum

Auch alle anderen Zungenbrecher sind herrlich, um Ihre Aussprache zu verbessern. Hier einige Anregungen zu verschiedenen Vokalen:

Als Anna abends aß, aß Anna abends Ananas.

Einsame Esel essen nasse Nesseln gern, nasse Nesseln essen einsame Esel gern.

Das Weinfass, das Frau Weber leerte, verheerte ihre Leberwerte.

Oma kocht Opa Kohl. Opa kocht Oma Kohl. Doch Opa kocht Oma Rosenkohl.

Gibst Du dem Opi Opium, bringt Opium den Opi um.

Herr und Frau Lücke gingen über eine Brücke. Da kam eine Mücke und stach Frau Lücke ins Genicke.

Für Fortgeschrittene und Ambitionierte: Sprechen Sie diese Zungenbrecher oder auch andere **Texte mit Korken**. Dazu nehmen Sie einen Weinkorken und nehmen ihn zwischen Ihre Schneidezähne. Bitte beißen Sie jedoch nicht feste zu, sondern schauen nur, dass er Ihnen nicht herausfällt. Die Zunge und die Lippen müssen jetzt mehr arbeiten, weswegen Ihre Sprache hinterher viel sauberer klingt.

1.3.6 Stimmpflege

Neben den gezielten Übungen zur Stärkung Ihrer Stimme, können Sie einiges für ihre Pflege tun: **Vermeiden Sie Kaffee und schwarzen Tee**, denn er trocknet Ihren Mund aus. Wasser ohne Kohlensäure in Zimmertemperatur sollte vor Sprecheinsätzen das Getränk Ihrer Wahl sein. Auch Nüsse und Bananen sollten Sie meiden. Thymiantee zum Trinken und Salbeitee zum Gurgeln ist Ihre Wahl, sollten Sie Ihrer Stimme einmal etwas Gutes tun wollen.

Übrigens: **Bitte vermeiden Sie es, sich zu Räuspern!** Husten Sie lieber oder versuchen Sie das Missempfinden wegzusprechen. Beim Räuspern reizen Sie Ihre Stimmlippen nur noch mehr!

1.3.7 Beispiele für tägliche Stimm- und Sprechtrainings

Wie bei allem, was wir neu erlernen und uns aneignen möchten, ist es sinnvoller, jeden Tag ein paar Minuten zu üben, statt einmal die Woche eine Stunde. Gönnen Sie sich eines dieser beispielhaften Trainings. Natürlich können Sie sich auch Ihr eigenes Training zusammenstellen.

Beispiel 1:

Zunge weit raus strecken und Gähnen

Atem anregen durch Einschnüffeln (Vorstellung an Parfüm zu schnuppern), beim Ausatmen sich vorstellen, Watteflusen wegzupusten

Vorstellung, etwas Leckeres zu essen, Kaubewegungen auf „mmmmmh" mit lockerem Kiefer und Zunge

Für die Artikulation: Si-sa-so, wie-wo-wu in Endlosschleife etwa 10x hintereinander

Peter packt Pelze ins Paket (10x)

Mit Korken sprechen: Gleich bei Blaubeuren liegt ein Klötzchen Blei (10x)

Körper ausschütteln

Pferdeschnauben, um die Lippen zu lockern

Beispiel 2:

Ausatem und Einatem zählen (bestenfalls ist der Ausatem etwas länger als der Einatem)

Zwerchfell trainieren, indem Sie auf mmmmm /ffffff ausatmen (innerlich bis ca. 20 zählen)

Für die Artikulation: Klick – Plapp – Glick – Klick in Endlosschleife etwa 10x hintereinander

Klingt Klappe richtig (10x)

Mit Korken sprechen: Sieh die Wies´n wie sie sprieß´n (10x)

Ein kräftiges Hey/Ho an die gegenüberliegende Wand rufen

Mein individuelles Training:

....

....

....

....

....

....

....

....

1.4 Stimmführung – Intonationen und Satzaufbau

Vielleicht wundern Sie sich, dass wir uns dem „Satzaufbau" widmen. Weil Sie glauben, Sie würden doch durchaus fließend sprechen. Zumal, wenn Sie in Ihrer Muttersprache reden. Seien Sie sich jedoch da nicht zu sicher. Nehmen Sie sich doch einmal auf Ihrem Handy auf und hören Sie sich selbst einmal zu. Wie stellen Sie sich (also Ihre Person) anderen vor? Und wenn Sie reden, kommen irgendwann „ähs" und „ehms" und „öhs"? Und wenn ja, WANN kommen diese? Und wie beenden Sie Ihre Gedanken und Sätze? Vielleicht mit „Ja" oder „Genau" oder beidem?

! Übung

Nehmen Sie sich auf und sprechen einige Sätze. Hören Sie genau hin, was Sie mit Ihrer Sprechmelodie machen. Gehen Sie hoch oder runter (auf Punkt)? Wie genau hört es sich z.B. an, wenn Sie sich einer Gruppe vorstellen?

Lesen Sie bitte nicht weiter, sondern nehmen Sie sich zuerst auf! Sie können hier vieles über Ihre Eigen- und Fremdwahrnehmung lernen.

Und? Hand auf´s Herz: Bringen Sie Ihren Satz klar zu Ende? Ohne Verlegenheitslaute? Und gehen Sie am Satzende auch mit der Stimme runter, damit der Zuhörer merkt, dass der Satz zu Ende ist?

Wenn Sie es wie die meisten von uns tun, dann tendieren Sie dazu, mit Ihrer Stimme oben zu bleiben oder gar hoch zu gehen und die Sätze mit Verbindungen wie „und", „weil", „deshalb", „wobei" oder auch „ja..und.." in die Länge zu ziehen. **Bringen Sie jedoch stattdessen Ihre Sätze zu Ende** und zwar, in dem Sie - im wahrsten Sinne des Wortes - auf den Punkt kommen und daher auch **stimmlich einen Punkt setzen.** Einen Punkt setzen wir stimmlich, indem wir mit der Stimme RUNTER gehen. Wir sprechen im Fachjargon hier von steigenden, fallenden oder schwebenden Kadenzen. Sie sollten, solange Sie keine Frage stellen, in schwebenden oder fallenden Kadenzen sprechen. Das heißt: Sprechen Sie in Aussagesätzen! Für sich selbst und Ihre Zuhörer machen Sie es sich leichter! Packen Sie

maximal drei Informationen in einen Satz. Danach ist dieses „Informations-Paket“ geschnürt und Sie gehen mit Ihrer Stimme runter. Wenn Sie das tun, schlagen Sie damit mehrere Fliegen mit einer Klappe: Sie selber wirken aufgeräumt und klar in Ihrer (Sprech-) Struktur. Ferner geben Sie sich und Ihrem Vortrag eine klare Linie. Ein weiterer Vorteil: Automatisch machen wir eine kleine PAUSE, wenn wir einen Satz zu Ende gebracht haben. UND DAS IST GUT SO! **Pausen sind ein Genuss** – sowohl für Sie, weil Sie sich neu sammeln können, bevor Sie weiter sprechen, als auch für Ihre Zuhörer. Denken Sie immer daran, dass diese das Gesagte (in den meisten Fällen) zum ersten Mal hören und somit Zeit benötigen, um das Gehörte erst einmal in ihrem Kopf verarbeiten zu können. Diese Zeit geben Sie Ihrem Publikum, indem Sie kleine Pausen zwischen Ihren Sätzen einhalten.

Ein weiterer wichtiger Punkt kommt hier jedoch noch zusätzlich zum Tragen: Bereits hier, in Ihrem ersten Satz, mit dem Sie zu Ihrem Publikum sprechen, wird über Sie entschieden, ob Sie als eine kompetente (Führungs-) Person erachtet werden, oder als ein Underdog. Je höher Sie auf der Karriereleiter stehen, desto wichtiger ist dieser Aspekt der gut eingesetzten Kadenzen also für Sie! Sollten Sie den (unbewussten) Fehler machen und bereits bei der Vorstellung Ihrer eigenen Person in steigenden Kadenzen (also mit hochgehender Stimme) sprechen, signalisieren Sie damit (unbewusst) Unsicherheit (Denn Sie stellen ja intonationstechnisch gesehen tatsächlich Fragen)! Dieses Dilemma kommt sehr oft bei einem „Nein“ zum Tragen. Ein „Nein“, das mit einem Lächeln und hochgehender Stimme gesprochen wird, ist schwer als ein „Nein“ vom Gegenüber zu verstehen. Ein klares „Nein“ mit runter gehender Stimme schon sehr wohl.

Achtung! Wenn Sie sehr stark auf Punkt „runterziehen“, wirken Sie sehr schnell arrogant. Das kann natürlich gewünscht sein. In diesem Fall würden Sie die Satzführung auf Punkt als Manipulationsmittel nutzen, um einen Hochstatus herzustellen: Bei einem stark auf Punkt gesprochenem Satz „wagen“ wir keine Widerworte. Sollte dies nicht gewünscht sein, wählen Sie eine Mischung aus schwebender und fallender Kadenz. Hier ist Fingerspitzengefühl gefragt!

! Übung

Nehmen Sie sich auf und sprechen Sie sehr kurze(!) Sätze. Nach jedem kleinen Satz gehen Sie mit Ihrer Stimme nach unten. Sie werden sich wundern, wie schwer es Ihnen am Anfang fällt. Starten Sie mit Subjekt-Prädikat-Objekt Sätzen, also bspw.:

Ich gehe in den Supermarkt.

Thomas lädt die Tomaten in den Kofferraum.

Tipp: Eventuell hilft es Ihnen, wenn Sie sich vorstellen, Sie würden einen Text diktieren.

Wenn Sie diese Art von kleinen „Informations-Paketen" sauber auf den Punkt bekommen, verlängern Sie Ihre Satzkonstruktionen etwas. Denken Sie daran: Maximal drei Informationen in einen Satz geben. Sie laufen sonst Gefahr, dass alles weitere nicht mehr vom Zuhörer wahrgenommen wird. Ferner „verwässern" Sie Ihre Aussagen. Es ist ein großer Unterschied, ob Sie feierlich sagen:

Mein Name ist Eva, ich bin 38 Jahre alt und CEO bei einem weltweit marktführendem Automobilzulieferer. (Punkt, Stimme runter) Ich liebe es, zu reisen und zu lesen! (eher gerade Kadenz)

Oder: Ja, hallo (steigende Kadenz)...mein Name ist Karl (steigende Kadenz)...äh...ich bin 38 Jahre alt (steigende Kadenz)... ich arbeite als.. äh..CEO bei einem Automobilzulieferer (steigende Kadenz)...ja...was mache ich gerne (schwebende Kadenz)....äh...ja..ich reise ganz gerne (steigende Kadenz)...und lese (schwebende Kadenz)....und ja. (fallende Kadenz)

Fazit:

Schaffen Sie klare Satzstrukturen!

Sprechen Sie in Aussagesätzen!

Seien Sie stolz auf das, was Sie zu sagen haben!

So wirken Sie klar, souverän und kompetent!

2. Körpersprache

Es lohnt sich für Sie, sich mit Körpersprache zu befassen. Sie verstehen dann schnell, dass Sie leicht etwas signalisieren, was Sie eventuell nicht möchten und gleichzeitig, dass Sie leicht etwas nonverbal vermitteln können, was Ihr Gesagtes kongruent unterstreicht. Ferner können Sie leichter bei anderen Menschen ablesen, was gerade in ihnen vorgeht. Sie entwickeln sich so zu einem empathischen Gesprächspartner. Schauen Sie auf dem Markt was Sie anspricht. Von Körpersprache-Experten wie Samy Molcho, Joe Navarro oder Monika Matschnig finden Sie diverse Publikationen zu diesem Thema. Wir konzentrieren uns hier auf die Gesten, die Sie nutzen sollten, um **als souveräner Redner wahrgenommen zu werden**. Gleichzeitig schauen wir auf die Gesten, die Sie besser vermeiden – und ich sage Ihnen auch warum. Denn alles, was wir verstehen, können wir besser behalten. Mit diesen zu vermeidenden Gesten starten wir dann auch direkt, damit wir uns nicht weiter auf sie konzentrieren. Sie wissen ja: Energy flows where attention goes. Wir beleuchten lieber ausführlich die Posen, die Sie anwenden sollten.

Hinweisen möchte ich Sie trotzdem noch auf zwei wichtige Sachverhalte:

1.) Es ist beim Lesen von Körpersprache immer wichtig, den Menschen in seinem **Normalzustand** zu kennen und **viele Faktoren zu berücksichtigen**. Viele Signale sprechen auch nur in Zusammenhang mit anderen Signalen eine klare Sprache. Sie vermeiden es also bitte, **Menschen schnell und unbedacht in Schubladen zu stecken**, nach dem Motto: „Ah, er verschränkt die Arme, er findet mich also unsympathisch bzw. geht auf Distanz!". Viele Menschen verschränken ihre Arme, weil sie es bequem finden. Achten Sie also auch in diesem Beispiel auf viele andere Hinweise, wie etwa: Guckt dieser Mensch gleichzeitig skeptisch? War er vorher offen in seiner Körpersprache und jetzt auf einmal verschränkt er seine Arme? etc.

2.) Bei Körpersignalen geht es nie(!) um richtig oder falsch! Es geht lediglich um situationsabhängige und -optimierte Körpersprache. **Was im privaten Kontext gewollt und gewünscht sein kann** (bspw. weibliche Flirtposition mit angeschrägtem Kopf und Spiel in den Haaren, Stand mit überkreuzten Beinen), **kann im beruflichen Kontext zu Missverständnissen führen** (in oben aufgeführtem Beispiel eventuell dazu, dass „frau" als Flirtobjekt wahrgenommen wird; hier wäre dann ein gerader Kopf mit festem Stand wichtig).

2.1 Gesten, die Sie besser vermeiden

Damit Sie nichts kommunizieren, was Sie nicht möchten, sollten Sie einige Körpersignale versuchen zu vermeiden. Dazu gehören grundsätzlich alle bereits oben erwähnten Signale, die Angst und Anspannung signalisieren, also:

- flacher, schneller Atem
- leises, nuscheliges Sprechen
- Augen zu Boden senken und Blickkontakt vermeiden (Tiefstatus!)
- unsicherer Stand (von einem Bein aufs andere „hampeln" u.ä.)

Weitere Signale, die gemeinhin als unsympathisch bzw. unaufrichtig angesehen werden sind:
- Daumen runter (Steht für Negativität und wenig Optimismus)
- an die Nase fassen (Steht für Abwägen, Unsicherheit, eventl. sogar Unehrlichkeit)
- mit zwei Finger zur Nasenwurzel greifen (Signalisiert Stress und Angespanntheit)
- mit der Hand über die Stirn oder den Nacken reiben (Signalisiert Abwägen und/oder Druck)
- Lippen zusammenpressen (Steht für Skepsis, Abwägen und/oder Druck)

Auch diverse Mikromimiken (vergleichen Sie hier Ekman), wie den Mundwinkel auf einer Seite herunterziehen (Verachtung) oder Augenbrauen zusammen ziehen (Wut, Aggressivität), sind problematisch. Da sie nur schnell über das Gesicht huschen, sind sie meist schwer auszumachen. Doch wenn Sie ein geübtes Auge haben, nehmen Sie eventuell einige Signale wahr. Diese sogenannten „Tells" sollten Sie bei sich selber (wenn möglich) vermeiden. Sollten Sie sie bei Ihrem Gegenüber feststellen, gilt es, aufmerksam zu werden. Sie merken dann, dass gerade etwas in eine nicht gewünschte Richtung läuft. Hier sollten Sie aktiv versuchen, diese Richtung dann zu ändern.

Denken Sie immer daran: Menschen sind keine linearen Gleichungen. Wägen Sie immer ab und schauen Sie sich das Gesamtbild an, bevor Sie urteilen. Doch allgemein lässt sich festhalten, dass die oben aufgeführten Gesten allesamt für Stress, Druck oder Frustration stehen. Sicherlich also keine empfehlenswerten „Tells" im Job und in Verhandlungen.

Ebenfalls nicht wünschenswert ist aber auch:

- übertriebene Theatralik

Große Gesten und übertriebenes Pathos mögen auf einer Theaterbühne interessant sein, im Job und in Verhandlungen haben sie meist nichts zu suchen. Vermeiden Sie es daher, ihre Gesten und Verhaltensweisen übertrieben aktiv zu gestalten (es sei denn, Sie möchten „spiegeln", doch dazu kommen wir später). Wer übertrieben weit ausholend gestikuliert und jede Aussage nachdrücklich mit Körpersprache unterstützt, wird (zumindest hierzulande) gerne schnell als „anstrengend" erachtet. Apropos „hierzulande":

Beachten sollten Sie bitte auch, dass wir hier über Gestiken sprechen, die gemeinhin in **unserem kulturellem Raum** so gedeutet und angesehen werden. Viele Posen und Gesten bedeuten in anderen Kulturen etwas ganz anderes. In einigen asiatischen Regionen bspw. ist ein Kopfschütteln gleichbedeutend zu unserem Kopfnicken, steht also für JA. Wer sich für **interkulturelle Unterschiede** in der Kommunikation (und Knigge) interessiert, sollte ein interkulturelles Training in Erwägung ziehen. Buchbar sind diese bei diversen Akademien und Bildungsträgern.

Doch nun genug von nicht wünschenswerten Gesten und weg vom Menschen lesen und hin zu Ihnen selbst. Was sollten Sie also tun, um vertrauenswürdig und souverän zu wirken? Nun, das ist gar nicht so ein großes Hexenwerk. Das Gute vorweg: **Beim Sprechen vor**

Publikum ist unter dem Strich weniger mehr! Ein ruhiger Stand, eine ruhige Stimme mit klarer Stimmführung und gut gewählte Gestiken bei angenehmen Blickkontakt sind Trumpf!

Gemeinhin als angenehm empfinden wir ferner einige Dinge, die wir auch gerne „Winner Posen" nennen. Diese sollen nun aufgeführt werden.

2.2 Winner Posen – Gesten, die Sie unbedingt anwenden sollten

Menschen mit hohem Status bzw. „Charisma" haben meist einige körpersprachliche Merkmale gemeinsam:

Langsame, elegante Bewegungen

Unverkrampftes Lächeln bzw. einen freundlichen, offenen, interessierten Ausdruck

Aufrechte, stille Kopfhaltung mit angenehmen Blickkontakt

Aufrechte, „unaufgeregte" Körperhaltung mit sicherem Stand

Feste Stimme mit angenehmem Stimmsitz (Bruststimme)

Wenn Sie also das Statusspiel (im Job) mitspielen wollen, sollten Sie diese Merkmale kennen und entsprechend Winner Posen und Hochstatusgesten einsetzen, um nicht als Underdog zu gelten, sondern als sympathisch kompetenter Gesprächspartner. Wichtig ist, dass Sie signalisieren können:

Sie ruhen in sich selbst.

Das ist, genaugenommen, das Geheimnis charismatischer Menschen. Wenn Sie genau hinsehen, erkennen Sie bestimmt, wie sich unser Kreis zum weiter oben beschriebenen schließt.

In der (wertschätzenden) Kommunikation geht es immer um Vertrauen und Sicherheit.

Wir erinnern uns: Schrille Stimmen stehen für uns unbewusst für Angst, i.e. wir empfinden solche Stimmen als wenig vertrauenserweckend. Sie sollten ergo bestenfalls kommuniziert bekommen: „Ich habe keine Angst". Weder vor mir, noch vor der Situation, noch vor anderen Leuten. Und genau das Rezept ist es, was wir als angenehm erachten. Sie akzeptieren sich, sie akzeptieren andere, Sie sehen „Probleme" als „Themen" und „Herausforderungen". Wir kommen zu diesem positiven Mind - Set noch einmal unter dem gleichnamigen Kapitel.

Weitere nonverbale „Power Posen", die Sie recht leicht anwenden können bzw. sollten sind:

- Daumen hoch

Damit ist nicht gemeint, dass Sie permanent den Daumen hochhalten, um Zustimmung zu signalisieren. Das können Sie natürlich auch an und ab einmal machen. Vielmehr ist ein subtiles Zeichen gemeint, bspw. dass Sie den Daumen an Ihren Kragen legen – und dieser dabei nach oben zeigt (gerne genommen übrigens auch in der Werbeindustrie).

- Lächeln bzw. ein freundliches Gesicht

Lächeln hat gleich mehrere positive Eigenschaften: Ein ehrliches(!) Lächeln lässt Sie nicht nur sympathischer wirken, auch Ihre restliche Körpersprache wird dadurch positiver und offener. Wer andere Menschen anlächelt, wirkt aufgeschlossener - und ist es auch. Tatsächlich verbessern Lächeln und Lachen nachweislich Ihre Laune - selbst wenn Sie es erst einmal nur simulieren. Im Beruf und bei Präsentationen geht es nicht darum, dass Sie permanent Ihre Zähne zeigen, sondern darum, dass Sie ein offenes interessiertes Gesicht haben. Gibt das Thema und der Anlass es her, wechseln Sie gerne in ein sympathisches Lächeln.

- Aufrecht sitzen oder stehen

Für eine positive Ausstrahlung ist eine aufrechte und gerade Körperhaltung essenziell. Wer so sitzt oder steht, wirkt gleich viel selbstsicherer, ruhiger und selbstbewusster. Zudem fällt die Atmung leichter, was die Stimmkraft verbessert, und Sie wirken insgesamt größer, was wiederum Ihrer Erscheinung insgesamt mehr Status verleiht. Tests haben zudem bewiesen, dass sich die Botenstoffe in Ihrem Gehirn gleichermaßen verbessern, wenn Sie eine „positive, optimistische" Körperhaltung einnehmen. (Gleiches gilt leider auch umgekehrt. Wir kommen später noch dazu.)

- Blickkontakt

Regelmäßiger Augenkontakt zu Ihrem Gesprächspartner ist ein Akt der Höflichkeit und drückt Interesse, Aufrichtigkeit und Selbstsicherheit aus. Übertreiben Sie es damit jedoch nicht! **Aus Ihrem Augenkontakt sollte kein Anstarren werden!** Doch wie stellen Sie das an? Erst einmal müssen Sie nicht zwingendermaßen genau in die Augen schauen. Es gibt das sogenannte Blickdreieck (Face Triangle). Sie können gut und gerne

- abwechselnd in das linke und rechte Auge Ihres Gegenübers schauen

- Ihren Blick zu den Augenbrauen Ihres Gegenüber wandern lassen

- Ihren Blick auf den Nasenrücken wandern lassen

- dann wieder zurück zu den Augen gehen

Alleine das lockert den Blickkontakt auf. Generell gilt - auch beim Sprechen bzw. Reden vor Publikum: Ein „neutraler" Blickkontakt (im Job) sollte nicht länger als **max. 2 Sekunden** gehalten werden! Danach lassen Sie Ihren Blick weiterwandern. Ferner ist von essentieller Wichtigkeit, dass Sie **ALLE ANWESENDEN gleichermaßen mit Ihren Blicken bedenken**. In dem Moment, wo Sie einen oder mehrere Zuhörer „ignorieren", laufen Sie Gefahr, dass genau diese Zuhörer hinterher Ihrer Idee, Ihrem Vortrag kritisch gegenüber stehen und/oder Sie sogar ablehnen. Sie werden jetzt vielleicht denken: „Ja, aber das ist doch klar, dass ich alle angucke...".

Kontrollieren Sie sich bei Ihrer nächsten Präsentation, Ihrem nächsten Meeting. Wir alle neigen dazu, nur eine Person oder auch eine Seite (den linken oder rechten Flügel am Tisch bpsw.) der gesamten Zuhörerschaft anzusehen. Wenn Sie nicht konzentriert sind und bewusst Ihren Blick auf alle Anwesenden verteilen, passiert dieser Faux-Pas nur allzu schnell.

! Übung

Bei Ihrer nächsten Präsentation, Ihrem nächsten Meeting schauen Sie jeden Anwesenden an und lassen Ihren Blick nach ca. 1-2 Sekunden weiterwandern.

2.2.1 Power Posen – ein kleiner Exkurs in die Neurowissenschaften

Die amerikanische Sozialpsychologin Amy Cuddy erforschte die sogenannten Power Posen an der Harvard Business School schon vor geraumer Zeit und stellte fest, dass eine spezielle Gesten-Auswahl enormen Einfluss auf uns Menschen und unser Empfinden hat. Je nachdem, ob Posen eingenommen wurden, die für Hoch- oder Tiefstatus stehen, fühlten sich die Anwender auch gleich entweder energiegeladen oder auch unsicher und demotiviert. In den Experimenten hatten Amy Cuddy und ihre Kollegen Dana R. Carney und Andy J. Yap von der Columbia Universität zum Beispiel 42 Männer und Frauen in zwei Gruppen aufgeteilt. Die eine Hälfte wurde zwei Minuten lang gebeten, besonders kraftvolle Hochstatus-Posen einzunehmen, wie etwa Füße auf dem Tisch, dazu Hände hinter dem Kopf verschränkt oder lässig an einem Tisch lehnend und sich mit einer Hand darauf abstützend. Die andere Gruppe musste genau entgegengesetzte Posen einnehmen: Im Stuhl sitzen, Arme eng zusammen, Hände auf dem Schoß oder stehend mit Armen und Beinen verschränkt. Dabei nahmen die Forscher vorher und nachher Blutproben von ihren Probanden und untersuchten vor allem deren Cortisol- und Testosterongehalt im Blut.

Das Ergebnis: Bei der ersten Power-Poser-Gruppe sank der Cortisol-Spiegel im Schnitt um 25%, der Testosteron-Level indes stieg um 19% – bei Männern wie bei Frauen.

Bei der zweiten Gruppe dagegen stieg der Cortisolwert um 17%, der Testosterongehalt sank derweil um 10%.

Zur Erläuterung: Cortisol ist ein Hormon, dass bei Stress ausgeschüttet wird, wohingegen die Ausschüttung von Testosteron dominantes und/oder aggressives Verhalten fördert. In diesem Zusammenhang möchte ich ein paar Gedanken zur Aggressivität loswerden: Ich bitte Sie, Aggression nicht per sé zu verteufeln. Wir benötigen Aggression, um Neues entstehen zu lassen. Wenn wir in der kreativen Arbeit (und das Arbeiten an Stimm- und Körpersignalen ist als kreative Arbeit zu verstehen) von „Aggression" sprechen, meinen wir damit, dass wir die „Wut", den Treibstoff, den „urge" wie es das Englische so schön beschreibt, in uns fühlen müssen, um Dinge verändern zu wollen. Und das tun wir tagtäglich. Es geht hier und in unserem Zusammenhang nicht darum, andere Menschen zu verletzen, sei es verbal oder gar körperlich! Es geht hier um Ihre „Power" und damit um Ihren Durchsetzungswillen und Schaffensdrang. Es geht hier um die **konstruktive** und produktive Seite der Aggressivität. Doch zurück zum Thema: Verschiedene Posen wirken auf Ihren Körper – positiv wie negativ.

2.3 Körpersprachetipps für Ihre nächste Präsentation

Wie Sie mittlerweile bestenfalls schon gelernt haben, macht der Inhalt Ihrer Präsentation lediglich ca. 7% aus. Ob Ihr Vortrag als gelungen und überzeugend gewertet wird, hängt zu den restlichen 93% von Ihrem Stimmeinsatz und Ihrer Körpersprache ab. Wenn Sie also überzeugen und beeindrucken möchten, sollten Sie ein paar grundlegende Regeln beachten:

- Stehen Sie entspannt aufrecht, Beine hüftbreit, heben Sie den Kopf leicht (ca. 90 Grad zum Brustbein) und drücken Sie die Brust leicht nach außen (seien Sie „stolz"). So wirken Sie offen und kraftvoll.

- Halten Sie den Kopf waagerecht, wenn Sie ins Publikum schauen. Ein Blick von oben nach unten wirkt arrogant, von unten nach oben falsch. Schauen Sie jeden Zuhörer, bei großem Publikum jede Seite und jede Ecke, gleichermaßen an.

- Stehen Sie, wie bereits gesagt, hüftbreit. Wenn sich die Beine berühren, wirken Sie ängstlich, wenn Sie zu breit stehen, wirken Sie zu lässig. Die Knie sind entspannt.

- Halten Sie die Hände bzw. Arme stets oberhalb der Gürtellinie. Gestikulieren Sie so, wie es zu Ihrem Temperament und Redefluss passt. Fließende, ruhige Bewegungen werden gemeinhin als angenehm erachtet.

- Zeigen Sie gerne Ihre offenen Handflächen. Das gilt als aufrichtig.

- Lächeln Sie (stets ehrlich!) Damit schaffen Sie einen direkten Zugang zu den Herzen Ihrer Zuhörer. Sonst, und je nach Thema und Anlass, schauen sie offen und interessiert.

- Bringen Sie Ihre Sätze zu Ende! Sprechen Sie lieber klare, kurze Sätze, als dass Sie sich in ähs und öhs verheddern und Ihre Sätze mit „ja genau" oder ähnlichem beenden. Kurze Sätze signalisieren Ihren Zuhörern System und „Aufgeräumtheit". Sie vermitteln klare Denkstrukturen und Entschlossenheit!

Mit diesen Zutaten sollten Sie gut durch Ihre nächste Präsentation kommen. Subjektiv sollten Sie sich besser und sicherer fühlen. Parallel sollten Sie besseres Feedback zu Ihren Vorträgen bekommen – was wiederum den zukünftigen Druck von Ihnen nimmt, so dass Sie bestenfalls demnächst gerne vor Publikum sprechen. Ein entsprechendes Mind Set ist hier übrigens auch von hoher Wichtigkeit! Auch dazu kommen wir später noch ausführlich.

Zunächst einmal bleiben wir beim handfesten Werkzeug. Stimme und Körper haben wir bis hier beleuchtet. Nun möchte ich Ihnen ein paar rhetorische Kniffe an die Hand geben, die es Ihnen ermöglichen, recht einfach und vor allem auch spontan zu jedweden Themen ein paar „warme Sätze" sagen zu können. Wir starten mit dem simplen Aufbau einer Rede oder eines Vortrages, der nahezu immer funktioniert und enden mit einem kleinen 3-Punkte-Plan für Ad-hoc Reden.

Arbeiten Sie sich gerne in die Welt der Rhetorik ein. Es gibt wunderbare Trainer und Seminare zu diesem Thema! Haben Sie generell Spaß am kreativen Umgang mit Sprache! Denn: Alles, woran Sie Spaß haben, geht Ihnen leicht von der Hand!

3. Reden und Ad-hoc Ansprachen

Je höher Sie auf der Karriereleiter geklettert sind, desto häufiger wird von Ihnen erwartet, dass Sie gewinnend reden können und dass Sie – auch spontan – zu verschiedensten Themen und Sachverhalten einige kluge Sätze sagen können.

Oberstes Gebot: BEVOR Sie zu Menschen sprechen, werden bzw. seien Sie sich klar darüber, was das ZIEL Ihrer Ansprache sein soll! Was soll hinterher anders sein? Was wollen Sie bei Ihren Zuhörern erreichen? **Ihre Majestät, das Publikum, fordert Klarheit, Substanz und Mehrwert!** Halten Sie dieses Mantra stets im Hinterkopf. Wenn Sie diese Idee im Auge behalten, wird es Ihnen gleichsam leicht fallen, einen roten Faden und eine Struktur in Ihre Ansprache zu bekommen.

3.1 Aufbau einer Rede

Der klassische Aufbau einer Rede oder Ansprache ist recht simpel und besteht aus drei Teilen: Der Einleitung, dem Hauptteil und dem Schluss. Schluss und Einleitung sollten etwa je ein Viertel ausmachen, der Hauptteil zwei Viertel. Wenn Sie den Ehrgeiz entwickeln, ein Rhetorikkünstler zu werden, lassen Sie sich auf diesem Gebiet trainieren. Es gibt viele ausgefeilte Ansätze, wie Sie Ihrer Rede einen feinen Schliff geben. Wir wollen uns hier auf ein solides Grundrüstzeug konzentrieren, welches Ihnen hilft, effektiv zu (re-) agieren.

Wenn Sie Ihre Rede vorbereiten, halten Sie folgende Stichpunkte im Kopf:

Einleitung (ca. 15%)

Neben der Begrüßung (und ggf. Vorstellung Ihrer Person) Start mit

- einer (rhetorischen) Frage
- einer kritischen These
- dem Aufgreifen einer aktuellen Situation
- einer Anekdote (gerne genommen bei Geburtstagen, Hochzeiten etc.)

Hauptteil (ca. 75%)

Bestenfalls drei Infos im Hauptteil, Aufgliederung dabei in

- gestern
- heute
- morgen

bzw.

- Situation/Fakten
- Perspektiven/Möglichkeiten
- Lösungen/Wünsche

bzw.

- Argument 1
- Argument 2
- Argument 3

Beginnen Sie mit dem schwächsten Argument zuerst und enden Sie mit dem stärksten.

Schluss (15%)

Sie möchten, dass irgendetwas bei Ihren Zuhörern nach Ihrer Rede anders ist. Sie verfolgen ein Ziel. Machen Sie das hier noch einmal ganz klar und kommen Sie auf den Punkt. Mit bspw.

- einem Zwecksatz/Appell
- einer Vision
- einer Lösung
- einem Wunsch
- einem call-to-action (ähnlich dem Appell)

Greifen Sie hier ggf. den Faden von der Einleitung wieder auf

Lassen Sie mich die drei Punkte erläutern.

3.1.1 Die Einleitung

Wenn Sie starten, versuchen Sie, das Publikum mit einem innerlichen Nicken abzuholen. Bestenfalls gelingt Ihnen sogar eine Ja-Kette. Zur Erläuterung: Die Ja-Kette ist eine Aneinanderreihung von Fragen, die Ihr Publikum (innerlich) mit „Ja" beantwortet. So bauen Sie Vertrauen auf und zeigen: Ich bin wie Sie/Ihr (i.e. Vertrauen aufbauen). Um dieses innerliche Nicken zu erreichen, eignen sich naheliegenderweise sehr gut Fragen. Fragen wie „Kennen Sie das?" Sodann berichten Sie von einem Sachverhalt, einer Kuriosität, einer Situation oder geben eine Anekdote zum besten. Wenn Sie offene Fragen stellen, also Fragen, die nicht mit JA oder NEIN beantwortet werden, sondern mit ganzen Sätzen, achten Sie unbedingt darauf, dass Sie diese Frage selber beantworten können, dass es also quasi eine rhetorische Frage ist. Wenn Sie Ihrem Publikum mit der Frage „Wissen Sie, welches die größte Stadt Kasachstans ist?" aufwarten, und Sie wissen es selber nicht (Anmerkung: Es ist die Stadt Almaty), sollten Sie diese Frage aus naheliegenden Gründen besser weglassen. WENN Sie es wissen, und dann noch einige weitere interessante Informationen zu Almaty zum Besten geben können, um dann elegant einen Bogen zum eigentlichen Thema zu spannen, haben Sie schon fast gewonnen. Nutzen Sie also die Einleitung auch dazu, um Ihre eigene Kompetenz zu unterstreichen.

Für einen guten Start eignen sich auch, wie schon erwähnt, Anekdoten. Erzählen Sie beispielsweise von einer Begebenheit, die sich zugetragen hat, als Sie auf dem Weg zum Sprechevent waren. Dinge, die Ihr Publikum mit Sicherheit auch so oder so ähnlich bereits schon einmal erlebt hat. Auch hier geht es wieder darum – ich wiederhole mich - dass Sie **Vertrauen aufbauen**. Vielleicht haben Sie auch gerade etwas Spannendes zum Thema in einer Zeitung gelesen? Lassen Sie es Ihr Publikum wissen!

Unterhalten Sie, seien Sie amüsant, wann immer das Thema, über das Sie sprechen, es hergibt. Seien Sie leicht und locker und wählen Sie etwas, was zum Schmunzeln einlädt. Sollten Sie zu einem wirklich ernsten Thema sprechen, unterstreichen Sie Ihren Geist und

Ihre Kompetenz. Im Falle von Almaty würden Sie hier bspw. von Zahlen und Fakten sprechen, davon, wie Almaty Herausforderungen gemeistert hat, um dann einen Bogen zu einer europäischen Millionenmetropole zu spannen, sollte Ihr Thema in diese Richtung gehen. Lassen Sie Ihrer Kreativität freien Lauf. Denken Sie daran: **Gefühl schlägt Intellekt! Passen Sie jedoch Ihre Wahl immer auch dem Rahmen und dem Publikum an!** In diesem Zusammenhang sei Ihnen gesagt, dass Sie meiner Meinung nach auf Zitate (wirkt etwas abgedroschen und einstudiert) sowie auf Witze (gehen zu 99% auf Kosten von Minderheiten, kann also unangenehm werden!) verzichten sollten.

Nicht versäumen sollten Sie, sich selber vorzustellen (so Sie nicht von einem Moderator vorgestellt werden). Wer sind Sie und warum sprechen Sie hier und heute über dieses Thema? Was ist Ihre Motivation? Was ist Ihre Berechtigung? **Das Publikum entscheidet in den ersten Sekunden, ob es Sie als kompetent erachtet und ob es Ihnen „folgen" wird und möchte**.

Bei größeren Veranstaltungen mit mehreren Rednern und/oder einer professionellen Moderation beachten Sie bitte, dass

- Sie bei der Begrüßung kurz(!) Referenz auf den interessanten Diskurs Ihres Vorredners nehmen.

- die Veranstalter bzw. die Veranstaltung kurz(!) loben bzw. sich bedanken, dort sprechen zu dürfen.

- Sie sich kurz(!) für die charmante Anmoderation bedanken. (Gerne auch mit Namensnennung, so bezeugen Sie Ihre Wertschätzung für die Moderation , die wiederum gleichzeitig Werbung erhält)

- Sie kurz(!) das erwähnen, was Ihnen positiv auffällt oder gefällt. (Auch das Publikum nimmt übrigens gerne Lob entgegen)

Machen Sie dieses nur, wenn Sie es auch so meinen (sollten Sie unzufrieden mit der Organisation der Veranstaltung sein, spricht es für sich, wenn Sie KEINE Referenz nehmen und kein Lob aussprechen) **und vor allem wenn es in den Rahmen passt**! Meist ist eine große Veranstaltung auf die Sekunde getaktet, so dass diese Art von Ausschweifungen keinen Platz finden – vor allem, wenn es eine Choreografie gibt. Hier werden Sie schlimmstenfalls als unprofessionell wahrgenommen. Wägen Sie bitte ebenfalls ab, ob diese Art von Floskeln angebracht sind, wenn Sie gefordert sind, in einem ernsten Rahmen zu sprechen - Stichwort „Lohnanpassungen". Halten Sie hier Dank und Lob eher kurz bzw. richten dieses nur an Ihren Vorredner.

Des Weiteren gilt:

- Auf die Bühne kommen - stehen bleiben - Stille bzw. Applaus aushalten!
- Zentriertes Stehen - keine Zappeleien und/oder Übersprungshandlungen

Selbiges gilt selbstverständlich auch für kleinere Runden/Meetings und auch im Sitzen (da wäre es dann „Sitzen in adäquater Haltung").

Sehr schön ist es, wenn Sie Ihre Einleitung am Ende wieder aufgreifen können. Machen Sie dies bitte nur, wenn es elegant und unauffällig ist und sich anbietet – sonst wirkt es wie eine einstudierte Plattitüde. Alternativ ist zu überlegen, ob Sie mit einer Gegenthese schließen können. Das wären dann bereits rhetorische Raffinessen.

3.1.2 Der Hauptteil

Der Hauptteil ist ganz klar der „trockenste" Teil. Hier bringen Sie mehr oder weniger alle Fakten unter. Ist es eine Ansprache zur Firmenausrichtung o.ä. können Sie hier die Aspekte

- Situation jetzt
- Perspektiven/Möglichkeiten
- Lösungen/Wünsche

einbringen.

Ist es eher ein Plädoyer in einer Für- und Wider-Kontroverse, bringen Sie hier Ihre Argumentationskette unter:

- erstes Argument (schwächstes)
- zweites (drittes...etc.) Argument
- letztes Argument (stärkstes)

Denken Sie hier auch wieder unbedingt an Ihre Stimmführung. Sprechen Sie klare Sätze zu Ihrer klaren Struktur. Rechtfertigen Sie nicht, sondern bringen Sie Klarheit. Die sogenannten „Weichmacherworte" wie „eigentlich", „unter Umständen", „vielleicht", „eventuell" etc. haben in den allermeisten Fällen hier nichts zu suchen! Auch Konjunktive sollten Sie vermeiden. Wenn Sie in Ihrer Eigenschaft als Führungspersönlichkeit Dinge wie „ich dachte, wir könnten unter Umständen überlegen, ob wir eventuell ....implementieren wollen..." einsetzen, ist dies denkbar suboptimal.

3.1.3 Der Schluss

Sie haben alles gegeben, Sie haben Ihre Einführung genutzt, um Sie und Ihr Thema im besten Licht zu präsentieren. Sie haben Emotionen geweckt und sich charmant gezeigt. Sie haben im Hauptteil mit harten Fakten und guten Argumenten gepunktet. Jetzt ist es nur noch ein Kinderspiel, Ihren Appell und Ihren Wunsch zu platzieren. Seien Sie jetzt hier nicht ungeduldig! Vertrauen Sie darauf, dass Sie überzeugend waren, zerreden Sie jetzt nichts! Denken Sie an die Inkubationszeit, die jeder Mensch benötigt, um neue Ideen und Aspekte zu integrieren und bestenfalls umzusetzen. Setzen Sie hier ganz klar wieder auf die Emotionen! Seien Sie begeistert und zuversichtlich oder entschlossen und energisch – je nach Redeanlass.

Des Weiteren gilt folgendes:

- Die letzten drei Worte in den Raum sprechen!

- Auf der Bühne: Applaus oder Stille aushalten – stehenbleiben – atmen – (bei freundlichen Anlässen) lächeln – abgehen

Sacken Sie bitte nicht bereits nach dem letzten Wort in sich zusammen! Sie stehen noch unter Beobachtung! Zählen Sie langsam 21, 22. Erst dann dürfen Sie langsam wieder „privat" werden. Beim Abgang von einem Podium/einer Bühne hin zu Ihrem Platz im Publikum gilt dies erst, wenn Sie sitzen! Während des ganzen Wegs zu Ihrem Platz bewahren Sie bitte Ihre Haltung. Dieser Gang gehört noch zu Ihrer Performance!

3.2 Ad-hoc Reden

Bei den Ad-hoc Reden machen Sie im Endeffekt das Gleiche. Hier kommt „nur" der Überraschungseffekt hinzu. Beispiel: Sie als Vorstandsvorsitzender eines Versicherungsunternehmens sind zu Besuch bei einem Klienten Ihrer Versicherung, einem großen Automobilzulieferer. „Herr Dr. Schneider, schön, dass Sie da sind. Wo wir Sie schon einmal bei uns sitzen haben, geben Sie uns doch bitte einmal Ihre Einschätzungen, wie Sie die Expansionsentwicklungen in unserem Unternehmen beurteilen." Oder Sie als Prokuristin sind beim 60. Geburtstag eines Kunden eingeladen. Am Tisch sitzend werden Sie aufgefordert, doch netterweise eine kleine Ansprache auf das Geburtstagskind zu halten. Situationen, die Ihnen erst einmal die Schweißperlen auf die Stirn treiben. Was tun? Fliehen geht nicht. Vielleicht haben Sie bislang in diesen Situation ein bisschen hilflos geklungen und ähnlich dem Komiker Rüdiger Hoffmann mit einem unambitionierten „Ja hallo erstmal..." begonnen - und sichtlich gestresst gewirkt. Doch das muss nicht sein! Auch bei Ad-hoc Reden haben Sie Zeit, sich vorher geistreiche Ideen auszudenken, ja. Hier gibt es einen feinen wie simplen Trick, den Überraschungs- oder Überrumpelungseffekt elegant zu umgehen, bzw. zu überstehen.

Die Kunst lautet hier

- Puffer
- Fragen

- eigene Gedanken/Einschätzungen/Anekdoten
- Appell

Die ersten beiden Punkte eignen sich hervorragend dafür, um ZEIT zu gewinnen! Denn wenn Sie Zeit gewinnen, kommen Sie aus der RE-aktion hin zur AKTION. Sie nehmen wieder das Zepter in die Hand.

Lassen Sie uns den Ablauf genau durchgehen. Es kommt der IMPULS von außen, dass Sie zu einem Thema sprechen sollen. Der Impuls kann eine Frage, ein Stichwort oder ein Thema generell sein.

Der PUFFER dient dazu, Abstand zum Impuls aufzubauen. Sie können hier erst einmal die Überraschung verarbeiten und sich überlegen, wie Sie INS Thema kommen. Dazu dienen Gedanken, die wahrscheinlich jeder zu diesem Thema hat und die er mit diesem Thema verbindet. Sie können sich auch erst einmal bedanken. Für die Einladung, für die Aufforderung, sprechen zu dürfen, für den tollen Rahmen, das vorzügliche Essen oder ähnliches.

Bestens eignen sich zur Überbrückung natürlich auch FRAGEN. Stellen Sie Fragen, aber rhetorische (siehe weiter oben). Sie sollten nur Fragen stellen, die Sie selber beantworten können. Während Sie Fragen an Ihr Publikum oder in die Runde geben, können Sie sich parallel überlegen, wie Sie DURCH das Thema kommen.

Wenn Sie nun Ihre eigenen GEDANKEN, Anekdoten und Exkurse zum Besten geben, sollten Sie sich gefangen haben.

Schließen Sie Ihre kurze Ansprache (bitte sprechen Sie max. 12 Minuten!) mit einem APPELL ab. Fordern Sie Ihre Zuhörer zum Handeln auf, zum Überdenken oder Überlegen. Auch animieren oder einladen können Sie es hier. Im Falle des Geburtstages wäre es bspw. die Aufforderung, das Glas auf den Jubilar zu erheben.

Im Falle der Geburtstagsansprache wäre eine mögliche Variante:

Meine Damen und Herren, ich bedanke mich, dass Sie mir das Wort erteilen. An dieser Stelle auch ein großes Lob an die Küche und auch an die Keller für Ihren tollen Service (Puffer). Ja, Herr Schulz und seine Firma Business INC begleiten mich schon nahezu ein Jahrzehnt. Kennen Sie die Geschichte, wie er Business INC aufgebaut hat (Fragen)? Wenn ich an Business INC denke, denke ich an........(Ihre Gedanken) Ich erinnere mich noch gut daran, als wir das erste Mal die neuen Geschäftsgebäude betraten und wie beeindruckt ich war, als... (Anekdote). Herr Schulz hat mit unserer Firma.........Ich habe dieses Verhalten immer sehr geschätzt. Ich freue mich auf viele weitere erfolgreiche Jahre mit Ihnen, Herr Schulz, und möchte mich für die vergangenen an dieser Stelle herzlich bedanken. Lassen Sie mich Danke sagen und heben Sie mit mir das Glas auf eine erfolgreiche und vor allem gesunde Zukunft (Appell)!

So umgehen Sie wunderbar einen Start, der in etwa so klingen kann, wenn Sie überrumpelt sind, keine Struktur haben und gar nicht wissen, was Sie überhaupt sagen sollen oder wollen:

Ja, meine Damen und Herren...guten Tag erstmal...ich äh, bin aufgefordert worden, zu unserem Jubilar etwas zu sagen....Tja, also, wie wir alle wissen...etc.

3.3 Die Dramaturgie

Des Weiteren bedenken Sie bitte nach wie vor, dass beim Reden meist die Devise herrscht: **Nicht viel hilft viel, sondern weniger ist mehr!**

Bleiben Sie bei Ihrem ruhigen Stand mit ruhigen Bewegungen. Ein ruhiger, freundlicher Blickkontakt durch den Raum bzw. für jeden Anwesenden, kurze, strukturierte Sätze, die Sie beenden, indem Sie „auf den Punkt kommen“ sowie kleine Pausen ab und an, runden das Ganze ab. Als Profi werden Sie noch Aspekte wie die Dramaturgie Ihrer Rede mit einbeziehen. Das wollen wir hier nur kurz streifen, da dieses im zweiten Band besprochen werden wird. In diesem 2. Band wird es um den Einsatz Ihrer Sprache gehen als auch darum, welche Worte Sie wann gebrauchen sollten und welche Sie besser meiden. Auch und vor allem die Wirkung der verschiedenen Vokale werden wir dann aufgreifen und die frappierende Wirkung, die sie auf unser Gehirn haben, kennenlernen.

Die wichtigsten Aspekte haben Sie hier bereits gehört. Hier noch einmal zur Auffrischung:

! Übung

Wenn Sie energisch und entschlossen wirken wollen (Treibstoff Wut, Aggression), sprechen Sie………………………………………………………………………………… (Lösung: Laut und eher schnell)

Wenn Sie empathisch und mitfühlend wirken wollen (Treibstoff Trauer), sprechen Sie………………………………………………………………………………… (Lösung: Eher leise und langsam)

Wenn Sie freudig und begeistert wirken wollen (Treibstoff Freude), sprechen Sie………………………………………………………………………………… (Lösung: Meist schnell und laut; im Unterschied zur Wut haben Sie hier sehr viel mehr „Singsang" in Ihrer Stimme)

Ihre Dramaturgie sollte weniger eine Kurve sein, die irgendwo im Hauptteil ihren Höhepunkt erreicht. Leider hört und liest man diese Empfehlung immer wieder. In Zeiten von Social Media und anderen digitalen Medien lässt sich ganz klar ein Trend erkennen, der dahin geht, dass die Aufmerksamkeitsspanne unserer Zuhörer immer kürzer wird. Wenn Sie sich alte Filme anschauen, werden diese für Ihr Empfinden oftmals extreme Längen haben. Damals hatte man da mehr Nachsehen bzw. einfach mehr Geduld. Sollten Sie nicht einen festen Redeslot (von bspw. 45 Minuten) vorgegeben bekommen, sondern können selber die Länge Ihrer Rede bestimmen, **versuchen Sie bitte, dass diese nicht über 12 Minuten hinausgeht! Erwiesenermaßen lässt die Aufmerksamkeitsspanne Ihrer Zuhörer nach dieser Zeit drastisch nach.**

Auch deswegen haben Sie bitte den Anspruch, die Dramatikkurve Ihrer Rede oder Ansprache zu einer Geraden werden zu lassen. Wenn überhaupt darf der Hauptteil mit seinen Fakten eventuell etwas in der Spannung nach unten sacken. Unbedingt mit einem „Knaller" sollten

Sie starten als auch enden. Denn eines ist klar: Zu Beginn entscheidet das Publikum, ob es Ihnen zuhört und auch, ob es Sie als kompetent erachtet. Und gleichzeitig gilt: Der letzte Eindruck bleibt. Also gilt es auch hier, das Publikum mit einem ebensolchen „Knaller" zu verabschieden. **Sie sollten erreichen, dass das Publikum emotional noch mit Ihnen bzw. Ihrer Ansprache beschäftigt ist. Dass es sich hierbei um positive Emotionen handeln sollte, versteht sich von selbst**. Auch hier gilt wieder die Devise: Emotion schlägt Intellekt.

! Übung

Halten Sie Reden!

1 Minute Ad-hoc Rede über Waschmaschinen

1 Minute Anmoderation über die Sängerin Celine Dion

Denken Sie an die oben aufgeführten Schritte und dehnen Sie die Reden oder Ansprachen auf 5 Minuten aus!

3.4 Sie und Ihr Auftritt

Nun haben wir viel von Ihren Werkzeugen und Ihren Kommunikationsfertigkeiten gesprochen. Doch wie sieht es mit Ihnen selber aus? Kennen Sie den Ausspruch „Wie Du kommst gegangen, so wirst Du empfangen" oder auch „Kleider machen Leute"? Antiquiert, ich weiß. Doch ich weiß auch, dass Sie es sich selber schwer machen, wenn Sie auf Kleider und Ihre Wirkung keinen Wert legen. Sie finden das politisch nicht korrekt oder oberflächlich? Dann stellen Sie sich einmal folgende Frage: Haben Sie einen Arzt, der im weißen Kittel vor Ihnen sitzt, je schon einmal nach seinen Zeugnissen und Befähigungen gefragt? Wenn Sie so wie die allermeisten von uns ticken, dann sicherlich nicht. Und wir legen uns tatsächlich trotzdem unters Messer. Sollte Ihnen ein Chirurg mit Hawaii-Hemd gegenüber sitzen, sieht die Sache eventuell schon etwas anders aus. Tests haben herausgefunden, dass Sie sehr viel mehr leisten müssen, ehe man Ihnen etwas zutraut, wenn Sie sich nicht an die „Kleiderordnung" halten. Wenn Sie den Abschnitt über Körpersprache aufmerksam gelesen haben, wissen Sie auch, warum das so ist: **Kleidung ist ein Stilbildungs-**

bzw. Gruppenbildungsmittel. Auch hier greifen wieder unsere archaischen Muster aus unserem Stammhirn. Wir entscheiden anhand der Kleidung (unbewusst): Ist er ein Freund oder Feind (i.e. blaues Trikot oder gelbes Trikot)? Auf dem Sportplatz hinterfragen wir diese Szenerie nicht groß. Doch die selben (unbewussten) Gedanken greifen auch bei Bankern oder Ärzten. Machen Sie es sich also leicht und entsprechen Sie mit Ihrer Kleidung dem Rahmen und Gegebenheiten, in denen Sie sprechen. Ist es ein feierlicher Rahmen, kleiden Sie sich feierlich, ist es ein konservativer Rahmen, kleiden Sie sich konservativ. (Es steht Ihnen selbstverständlich frei, es auch anders zu handhaben, ich möchte Ihnen nur sagen, dass alles seinen Preis hat und Sie es sich schwerer machen hinsichtlich des Vertrauensaufbaus zu Ihrer Zuhörerschaft. Erst wenn Sie ganz, ganz oben angekommen sind, „dürfen" Sie wieder tun, was Ihnen beliebt.)

3.4.1 Was Sie tun und vermeiden sollten

Hier nun also einige Tipps, was Sie tun bzw. vermeiden sollten, wenn Sie vor Publikum sprechen. Die Tipps sind darauf ausgerichtet, dass Sie sowohl „gut rüber kommen" als auch sich selber gut fühlen!

Nehmen Sie Ihre Kleidung als Ihre Rüstung (Mind Set). Das heißt: Ziehen Sie nicht nur etwas an, was gut aussieht, sondern auch etwas, in dem Sie sich gut und sicher fühlen!

Im Einzelnen achten Sie bitte auf Folgendes:

- halten Sie Ihre Haare aus dem Gesicht! Das Gesicht sollte gut zu sehen sein (Vertrauensaufbau). Bei den Damen: Haare bei langen Haaren bitte zusammen binden, hier ist zusätzlich die Gefahr, dass Sie mit Ihren Haaren spielen (Falsche Körpersprache für Business, ferner sehen offene Haare zu „privat" und daher wenig kompetent aus)
- Brillen wenn möglich mit dünnen Rahmen (Zumindest sollte der Rahmen nicht die Augenbrauen verdecken)

- keine langen Ärmel oder Rollis (Alles, was den Körper „versteckt" wirkt wenig vertrauenserweckend; die Hände mit Armgelenken sollten zu sehen bzw. erkennbar sein)
- Generell ziehen Sie bitte nichts zu enges, zu kurzes oder zu weites an. Ihr Körper sollte gut erkennbar und gut in Szene gesetzt sein. Er sollte unterstreichen, was Sie sagen, nicht vom Gesagten ablenken. Nicht mehr und nicht weniger.

4. Das richtige Mind Set beim public speaking

Sie kennen sicherlich den Rat „stell´ sie Dir alle nackt vor, dann geht das!". Mir persönlich hilft diese Weisheit nicht ganz so viel. Wenngleich es genau diese Idee ist, um die es hier geht: Ihr Draht zum Publikum, zu Ihren Zuhörern. Ich selber stelle mir innerlich lieber Komplimente für meine Zuhörer vor. So etwas wie „Eine schöne Brille haben Sie." oder „Schön, dass Sie hier sind und mir zuhören!" innerlich zu meinem Gegenüber gesprochen, hilft mir mehr. Es geht eher in die Richtung Verbindung denn Konkurrenz. Denn: Wenn Sie gerne sprechen und selber von dem überzeugt sind, was Sie sagen, haben Sie schon viel gewonnen. Sie sollten Ihre Zuhörer nie als Ihre Feinde ansehen, sondern sich freuen, dass Sie „sprechen dürfen", weil Sie Ihren Zuhörern viele wertvolle neue Informationen geben können. Ein innerliches „Wie schön, dass Sie hier sind – und mir zuhören!" hilft Ihnen hier. Vermeiden Sie negative Gedanken wie „Ich schaffe das nicht.", „Ich bin nicht gut vorbereitet.", „HerrXY wird meinen Vorschlag in der Luft zerreißen." oder ähnliches. Wenn Sie mit negativen „Vibes" in Besprechungen oder auf die Bühne gehen, greift nur zu oft die „selbsterfüllende Prophezeiung".

Folgende Gebote gebe ich meinen Schülern gerne mit auf den Weg:

1. Du sollst Kommunikation nicht als Last empfinden, sondern als Genuss!

2. Du sollst Deine Botschaften klar und verständlich formulieren und Deinem Publikum Klarheit vermitteln!

3. Du sollst Geduld und Zeit Deines Publikums nicht unnötig strapazieren, sondern sie mit Mehrwert für selbiges füllen!

4. Du sollst Deine Zuhörer nicht langweilen, sondern unterhalten!

5. Du sollst Dich auf Deinen Auftritt in der Öffentlichkeit und/oder vor Kamera und Mikrofon systematisch und gründlich vorbereiten!

6. Du sollst Journalisten, Medien und Gesprächspartner nicht als Deine Feinde ansehen, sondern als Dir wohlgesonnene Mitmenschen!

7. Du sollst in Krisensituationen rechtzeitig professionellen Rat suchen, denn nur gezielte und zeitnahe Gegenmaßnahmen werden Imageschäden abwenden!

8. Du sollst die „Handwerksregeln" der Kommunikation – verbal und nonverbal – erlernen und immer wieder üben! Nur Übung macht den Meister!

9. Du sollst Du selbst bleiben und Dich nicht verbiegen, und gleichzeitig Deine Stärken ausbauen und Deine Schwächen minimieren!

4.1 Gedankenmanagement und Lampenfieber

Wer kennt es nicht. Eine Präsentation, eine Moderation, ein Auftritt steht an und langsam schleicht es in einem hoch. Das Lampenfieber. Der Herzschlag erhöht sich, ein flaues Gefühl im Magen, trockener Mund, das Gefühl nicht genug Luft zu bekommen und schlimmstenfalls das berühmte „Brett vor dem Kopf". Lampenfieber hat viele Gesichter. Und Lampenfieber hat viel mit unseren Gedanken zu tun. „Ich kann das nicht!" , „Ich schaffe das nicht!", so oder so ähnlich klingen die Stressgedanken, die wir denken, wenn wir Lampenfieber bekommen. Genau genommen ist Lampenfieber eine Versagensangst. Je perfektionistischer Sie sind, desto leichter können Sie in Stress bei Präsentationen geraten. Laut verschiedener wissenschaftlicher Untersuchungen denkt ein Mensch am Tag durchschnittlich 65.000 Gedanken. Davon sind etwa 70 % flüchtige oder unwichtige Gedanken. **Nur etwa 3% sind positive, kreative Gedanken und der Rest von 27% sind negative, destruktive Gedanken**.

Eine Studie der Harvard University zeigt, dass der Mensch **bis zu seinem 18. Lebensjahr etwa 180.000 Neins hört, das sind 27 Neins am Tag**. Die Mehrzahl der Menschen ist also darauf konditioniert negativ und destruktiv zu denken. Sie findet 100 Gründe warum etwas nicht funktioniert, warum eine neue Idee zum Scheitern verurteilt ist. Schon Bertolt Brecht, der große deutsche Dramatiker und Lyriker, wusste: Alle große Ideen scheitern an den Leuten. Wenn es Ihnen also gelingt, das positive Denken um nur wenige Prozentpunkte zu erhöhen und gleichzeitig die negativen Gedanken im selben Prozentsatz zu senken, würde Ihre Welt gleich um vieles rosiger aussehen. Aktives und kreatives Gedankenmanagement hilft beim Shift von negativen zu positiven Gedanken.

Neueste Erkenntnisse zeigen, dass das Gehirn trainiert werden kann. Die Nervenbahnen im Gehirn können durch positive Affirmationen neu bzw. anders ausgerichtet werden. Denke ich stets schlechte Gedanken, werden diese zu einer Art „Nervenautobahn". Denke ich zur Abwechslung positive, ist das am Anfang wie eine Bresche durch Gestrüpp zu schlagen. Doch schon bald ergibt sich ein Trampelpfad. Erst ein schmaler, dann ein immer breiterer.

Gut gegen Lampenfieber hilft also, wie bereits weiter oben beschrieben, wenn Sie sich positive, Mut machende Gedanken zusprechen! Seien Sie Ihr bester Freund. Denken Sie sich positive Sätze, die Sie für die negativen eintauschen. Hören Sie also genau in sich hinein. Was sagen Sie sich? Abgesehen davon, dass Sie eventuell entsetzt sind, wie unfreundlich Sie mit sich selber reden, können Sie so genau entschlüsseln, welche Glaubenssätze wirken. Und damit, wie Sie sie umdrehen können. Ein „Du schaffst das nicht!" kann gut zum „Ich schaffe alles, was ich mir vornehme!" werden. Ein „Du wirst Sie langweilen!" zu „Ich werde sie bestens unterhalten und sie werden mir an den Lippen hängen!"

! Übung

Schreiben Sie mindestens fünf negative Glaubenssätze auf, die bei Ihnen wirken und ersetzen Sie sie für eine positive Affirmation:

1..

Positiv:...

2..

Positiv:...

3..

Positiv:...

4..

Positiv:...

5..

Positiv:...

! Übung

Nehmen Sie Ihre Affirmationen auf und hören Sie sie mind. 3x täglich.

Eine weitere Methode, **um mit Lampenfieber zurecht zu kommen, besteht darin, dass Sie es ZULASSEN!** Heißen Sie es Willkommen und versuchen Sie auf keinen Fall, es „wegzudrücken" oder schlimmstenfalls sich auch noch deswegen selber runter zu machen. Ein „Du dumme Gans, wieso bist Du so aufgeregt, bleib endlich ruhig!" setzt Sie noch mehr unter Druck. Seien Sie auch hier wieder freundlich mit sich! Nehmen Sie es an und sagen Sie sich eher etwas wie „Ah, Du (das Lampenfieber) bist auch schon da. Na, dann kann es ja losgehen!" Denken Sie daran, dass Ihr Körper Ihnen mit diesen Symptomen hilft. Diese Angst und Aufregung lässt Sie massenhaft Adrenalin ausschütten. Und dieses wiederum hilft Ihnen, dass Sie konzentriert sind und somit eine gute Performance abliefern werden. Dieses gilt natürlich nur, wenn Ihre Angst sich nicht ins Unermessliche steigert und Sie nahezu kollabieren lässt. Sollten Sie sehr stark unter Lampenfieber leiden, sollten Sie überlegen, ob

Sie nicht (regelmäßig) meditieren wollen oder andere Entspannungstechniken wie Autogenes Training oder Chi Gong erlernen möchten.

Hier eine Anleitung für eine Meditation. Diese können Sie bspw. auf Ihr Handy aufnehmen und abhören wann immer Sie sie benötigen:

! Übung

Meditation

Nachdem du die ersten tiefen Atemzüge genommen hast, bleibe mit deiner Aufmerksamkeit bewusst bei deinem Atem. Am Anfang geht es nur darum, "herauszukommen" aus deinem Kopf und "hineinzugehen" in deinen Körper. Spüre deinen Atem, wie er langsam in deinen Körper einfließt und wieder ausströmt. Achte auf jedes kleine Detail. Achte darauf, wie sich dein Bauch beim Einatmen weitet und wie der Luftstrom deine Oberlippe beim Ausatmen passiert. Das Ziel ist es jetzt, deinen Atem bewusst zu beobachten. Früher oder später, wahrscheinlich schon nach wenigen Sekunden, werden dich deine Gedanken wieder davon ablenken. Das macht aber nichts, das ist ganz normal. Wenn das passiert, führe deine Aufmerksamkeit wieder ganz sanft zurück auf deinen Atem. Spüre, wie deine Füße mit dem Boden verbunden sind und stelle dir vor, dass aus deinen Füßen Wurzeln kommen, die dich fest mit deinem Untergrund verbinden, die dich ERDEN. Vielleicht spürt sich auch ein Fuß anders an, als der andere. Nehme auch das wahr, nur wahr, ohne zu bewerten.

Visuelle Elemente helfen oft, sich gut im eigenen Körper zu fühlen. Eine Möglichkeit wäre eine Arbeit mit Licht:

Vielleicht zeigen sich sogar einige Farben, wenn du deinen Körper einmal bewusst innerlich durchläufst. Wenn ja, welche Farbe ist es? Atme weiter ruhig ein- und aus und entdecke weiter deinen Körper. Stelle dir nun vor, dass weißes, glitzerndes Licht von oben durch deinen Kopf deinen gesamten Körper durchströmt. Dieses Licht entspannt eine Körperpartie nach der anderen, deine gesamte Muskulatur. Bade dich im glitzerndem Licht...!

Verbinden können Sie die Meditation auch wunderbar mit Elementen aus dem Autogenen Training:

Du atmest ein...und atmest aus. Du spürst, wie du ganz ruhig wirst. Ganz ruhig. Dein Atem geht ruhig und gleichmäßig. Dein Herz schlägt ruhig und gleichmäßig – und nur für dich.

Ebenfalls können Sie hier auch noch eine Ihrer neuen positiven Affirmationen einsetzen, wie bspw.:

Und du schaffst alles, was du dir vornimmst, denn du bist gut vorbereitet und unterhaltsam.

(Natürlich können Sie für das „du" auch ein „ich" einsetzen.)

Sollte Ihnen nicht nach „sammeln" und „Ruhe" sein, gehen Sie in das genaue Gegenteil und in die **Bewegung**: Tanzen Sie, schreien Sie, laufen Sie Treppen rauf und runter, klopfen Sie sich wie ein Gorilla auf Ihre Brust. Das klingt sicherlich etwas absurd für Sie, jedoch sind all diese Tätigkeiten erwiesenermaßen gut bei Lampenfieber. Bewegung hilft uns, überschüssiges Adrenalin loszuwerden. Anders herum stellen Sie Ihren Körper durch „Gebrüll" und „Brusttrommeln" auf Angriff (in Ihrem Fall auf eine gute Performance) ein, was Ihnen Mut macht für Ihren Auftritt.

Und Apropos „gut vorbereitet". Das sollten Sie selbstverständlich sein! **Bereiten Sie sich gut vor und lernen Sie die ersten drei Sätze Ihres Vortrages auswendig**! Auch das hilft, um mit einem guten Gefühl vor Ihr Publikum zu treten! Wenn der Start gut gelingt, werden Sie schnell ruhig. Die gute Vorbereitung hört jedoch nicht bei den drei Sätzen auf: Lernen Sie, wenn immer möglich, den Raum vorher kennen, machen Sie sich mit der Technik vertraut, sprechen Sie mit den Gästen/Gastgebern/Gesprächspartnern und eventuell auch mit dem Publikum, essen Sie nicht zu fettig und zu schwer, trinken Sie wenig bis keinen Kaffee vorher, gehen Sie noch einmal auf Toilette und trinken Sie den Tag über bereits ausreichend stilles Wasser.

Nicht zu unterschätzen sind Atemübungen. Der Atem wirkt direkt auf das vegetative Nervensystem. So können Sie bspw. nur Angst verspüren, wenn Sie „vergessen" zu atmen, bzw. falsch atmen. (Eventuell können Sie sich durch richtiges Atmen bereits ein kostspieliges

Flugangstseminar sparen.) Wenn wir aufgeregt sind, neigen wir dazu, zu viel einzuatmen und dabei trotzdem das Gefühl zu haben, noch nicht genug Luft „getankt" zu haben. Das Geheimnis liegt nun darin, **erst einmal auszuatmen**!

Übung!

Bei Lampenfieber konzentrieren Sie sich auf Ihre Atmung und versuchen stets doppelt so lange auszuatmen, wie Sie einatmen. Also bspw:

2 Sekunden Einatmen	4 Sekunden Ausatmen
4 Sekunden Einatmen	8 Sekunden Ausatmen

Für Fortgeschrittene empfehle ich die yogische Wechselatmung. Hierzu atmen Sie zunächst aus, halten ein Nasenloch zu, atmen durch das andere zu etwa 1/3 ein, halten den Atem an (eventuell beide Nasenlöcher dazu zuhalten), atmen durch das zuvor geschlossene Nasenloch wieder aus, und zwar so viel, wie es Ihnen möglich ist. Dann beginnen Sie den Kreislauf von der anderen Seite und atmen durch das Nasenloch wieder ein, durch das Sie gerade ausgeatmet haben.

Übung!

Ausatmen

linkes Nasenloch zu halten

mit rechtem Nasenloch zu 1/3 einatmen (nicht „voll pumpen")

Atem halten

mit linkem Nasenloch ausatmen (vollständig)

mit linkem Nasenloch einatmen (zu etwa 1/3)

Atem halten

mit rechtem Nasenloch ausatmen (vollständig)

mit rechtem Nasenloch einatmen (zu 1/3)

Atem halten

mit linkem Nasenloch ausatmen (vollständig)

etc.

Machen Sie diese Übungen nur solange sie Ihnen gut tun!

Meine Notizen zu diesem Kapitel:

Kapitel II. Die Interaktion mit anderen

Damit Sie nicht nur beim Sprechen vor Publikum glänzen, sondern auch vor und nach Ihren Ansprachen, sollten Sie ebenfalls einige andere Qualitäten mitbringen in der Interaktion mit anderen. Soft skills sind gefragt! Dazu gehört ganz vorne weg, das kleine, große Gespräch, der Small Talk.

5. Small Talk

Der Small Talk ist alles andere als „small"! Er ist Eisbrecher, Türöffner, verbale Kontaktaufnahme und soll Ihre Sympathie zu Ihrem Gegenüber zeigen. Ohne die Fähigkeit zum guten Small Talk ist man in der modernen Arbeitswelt verloren. Denn was viele nicht wissen: Der gute Small Talk ist fundamental für die Karriere. Heute ist Karriere ohne Small Talk - Fähigkeiten nicht mehr möglich. Denn intelligenter Small Talk ist der Türöffner Nummer eins. Mit ihm beginnt jeder Kontakt. Das „kleine Gespräch" schafft große Verbindungen. Wenn Sie die richtigen Themen kennen und wissen, wie intelligente Gesprächsführung geht, wirken Sie souverän und haben Erfolg bei Ihren Mitmenschen. Ob als scheinbar belanglose 30-Sekunden-Plauderei im Aufzug oder als mehrstündiges Gespräch beim offiziellen Business Dinner: Gekonnter Small Talk ist für die Beziehungspflege von unschätzbarem Wert und für Ihre Karriere fundamental.

5.1 Grundlagen für einen „erfolgreichen" Small Talk

Ein gesundes Selbstbewusstsein – ohne arrogant aufzutreten – wirkt sympathisch. Wenn Sie mit sich selber gut Freund sind, haben Sie Ausstrahlung und gelten als angenehmer Zeitgenosse. Gehen Sie auf Ihren Gesprächspartner offen zu. Zeigen Sie ihm Ihre Wertschätzung und seien Sie neugierig darauf, ihn als Menschen kennen zu lernen.

Tipp 1: Haben Sie eine **positive Einstellung zu sich selbst und zu Ihrem Gegenüber.**

„Ein Lächeln ist die kürzeste Verbindung zwischen zwei Menschen", sagt ein bekanntes Sprichwort. Begegnen Sie Ihrem Gegenüber wohlwollend, so wird sich dies sowohl in Ihrer Mimik als auch in Ihrer Körperhaltung positiv ausdrücken. Wenn Ihnen dieses „Wohlwollen" schwer fällt, suchen Sie etwas, was Ihnen am Anderen gefällt. Das kann eine Äußerlichkeit oder eine Fähigkeit sein. Sie müssen dieses Kompliment nicht zwingendermaßen aussprechen. Es reicht auch schon, wenn Sie innerlich Ihrem Gegenüber dieses Kompliment „aussprechen". Verstecken Sie Ihre Hände nicht hinter dem Rücken oder in den Hosentaschen, sondern wenden Sie sich Ihrem Gesprächspartner mit offener Haltung zu.

Tipp 2: Halten Sie einen **freundlichen Blickkontakt und eine offene, entgegenkommende Körperhaltung.**

Wer seinem Gegenüber zu dicht „auf die Pelle" rückt, darf sich nicht wundern, wenn er sich unbeliebt macht. Es ist wichtig, das Distanzbedürfnis anderer Menschen zu respektieren. Der Abstand von ein bis zwei Armlängen ist je nach Temperament und Charakter der Gesprächspartner richtig zu wählen, das heißt, bei einem eher introvertierten Menschen sollten Sie den Abstand lieber etwas größer lassen als bei temperamentvollen Personen. Auch ist es hier wichtig, in welchem Kulturkreis Sie sich gerade bewegen. Hier in Mitteleuropa gilt als Regel die eine Armlänge als angenehmer Gesprächsabstand.

Tipp 3: Halten Sie einen **angenehmen Gesprächsabstand.**

Zuhören heißt, dem Gesprächspartner die volle Aufmerksamkeit zu schenken und dabei nicht nur auf den Inhalt, sondern auch auf die Zwischentöne zu achten. Als aktiver Zuhörer versuchen Sie, sich in den anderen hineinzuversetzen und sind ganz bei der Sache, das heißt, Sie schauen weder auf die Uhr noch lassen Sie Ihren Blick durch den Raum schweifen. Durch Blickkontakt signalisieren Sie Ihr Interesse. Machen Sie sich folgenden schönen Satz zu eigen: *Wir haben zwei Ohren und nur einen Mund – um besser zuhören zu können!*

Tipp 4: Hören Sie zu ohne zu unterbrechen.

Fragen, vor allem offene Fragen, sind im Small Talk gut geeignet, ein Gespräch in Gang zu halten. Allerdings sollte die Plauderei nicht in ein Abfrage- oder Ausfragespiel ausarten. Geben Sie auch immer etwas von sich preis, ehe Sie Ihr Gegenüber genauer fragen. Ein gelungener Small Talk ist wie ein amüsantes Ping-Pong-Spiel, bei dem die Bälle hin und her gehen.

Tipp 5: Interessiert fragen, ohne auszufragen.

Denken Sie nicht, im Small Talk ginge es nur um oberflächliche Themen. Durch Ihre Äußerungen prägen Sie Ihr Image. Ein gut informierter Mensch ist ein interessanter Gesprächspartner, denn mit einem breiten Wissen können Sie zu allen möglichen Themen etwas beitragen. Informieren Sie sich regelmäßig in Zeitungen, Zeitschriften und Internet über aktuelle Themen.

Tipp 6: Seien Sie vielseitig informiert über das aktuelle Geschehen und kennen Sie Ihre eigenen Vorlieben.

! Übung

Stellen Sie sich viele Fragen, was Ihre Vorlieben sind, wie beispielsweise:

Was ist Ihr Lieblingsfilm?

Was ist Ihr Lieblingbuch?

Ihr Lieblingsautor?

Ihr Lieblingsschauspieler?

Warum?

Was ist Ihr Lieblingsessen? Ihr Lieblingswein?

Trinken Sie lieber Weiß- oder Rotwein?

Warum?

Was sind Ihre Hobbies? Warum? Was lieben Sie daran besonders?

Was ist Ihr Lieblingsreiseland und warum?

Führen Sie diese Liste fort und machen Sie sich Ihre Vorlieben und Motivationen auf vielen verschiedenen Gebieten klar. Sie erweisen sich so als geistreicher, reflektierter Gesprächspartner. Ferner fällt es Ihnen nicht schwer, nach geeigneten Themen zu suchen.

Es ist ein Trugschluss anzunehmen, dass Sie durch viele Fremdwörter zwangsläufig intelligenter wirken. Ihre Redebeiträge sind einfach nur schwerer verständlich. Es hängt natürlich vom Rahmen und Ihren Gesprächspartner sowie deren Bildungsgrad ab. Doch im Allgemeinen setzen Sie sich dem Verdacht der Profilierung aus, wenn Sie viele Wörter und Begriffe gebrauchen, die aus dem Lateinischen, Französischen oder Griechischen kommen. Sollten Sie Ihren Gesprächspartner in die unangenehme Situation bringen, Wörter nicht zu kennen und daher nicht zu verstehen, verscherzen Sie sich Ihre Sympathien. (In der Rhetorik und Schlagfertigkeit ist dieses Vorgehen übrigens ein beliebtes Mittel, den eigenen Hochstatus zu zementieren. Es ist ein manipulatives Mittel, den anderen „doof dastehen" zu lassen. Hier im Small Talk geht es um guten Kontakt, daher zeigen Sie sich hier besser zugänglich.)

Tipp 7: Vermeiden Sie unnötige Fremdwörter und Fachsprache.

Small Talk ist keine Diskussion! Grundsätzlich sollten Sie im Small Talk all die Themen **vermeiden**, die zu sehr unterschiedlichen Meinungen führen können wie beispielsweise **Politik und Religion**. Denn Ziel des kleinen Gesprächs ist es, **Gemeinsamkeiten zu entdecken** und so die Beziehungsebene zu pflegen!

Tipp 8: Im Small Talk werden polarisierende und ideologische Themen bitte vermieden!

Lästern macht zwar Spaß, gilt aber als unfein und indiskret. Also besser Finger weg vom Tratsch, wenn Sie Ihren guten Ruf und Ihre Glaubwürdigkeit behalten wollen.

Genauso wirken Menschen mit einem zu gut ausgepolsterten Ego und Redebeiträgen nach dem Motto „Mein Haus, mein Auto, meine Jacht“ eher abstoßend.

Tipp 9: Sollte selbstverständlich sein: **Kein Lästern und Angeben.**

Ein Witz als Gesprächseinstieg, nach dem Motto „Kennen Sie schon den:...“? Bitte nicht! Vielleicht finden nur Sie ihn witzig und Ihr Gesprächspartner sortiert Sie in die Schublade „Sprücheklopfer“ ein. Ferner gehen Witze zumeist auf Kosten von Minderheiten. So bewegen Sie sich schnell auf dünnem Eis! Humorvolle, schlagfertige Bemerkungen jedoch, vor allem mit ein wenig Selbstironie und Understatement gewürzt, kommen meistens gut an und wirken souverän. Es gilt: **Humor statt Ideologie!**

Tipp 10: Zeigen Sie Humor und Esprit.

6. Schlagfertigkeit

Was ist Schlagfertigkeit? Schlagfertigkeit ist die Kunst, in einer unangenehmen Situation spontan und wendig zu kontern. Damit stoppen Sie Verbalattacken und nehmen dem Angreifer den Wind aus den Segeln. Dieser steht in einem schlechten Licht da, während Sie souverän und selbstsicher daher kommen. Soweit die Theorie und die Idee dahinter. Doch Obacht: Ein Konter kann mitunter einen hohen Preis haben. Vor allem, wenn wir im Business-und Arbeitsumfeld sind! Ich möchte mich daher hier weniger der „Kampfrhetorik“ als einem - mitunter amüsanten - Kommunikationspingpong widmen, der dazu dient, Ihre Grenzen zu setzen. Ganz nebenbei signalisieren Sie so, dass Sie nicht als Opfer zur Verfügung stehen. Beginnen Sie also recht früh mit geeigneten Entgegnungen, wenn Ihnen ein Kommentar aufstößt.

Drei Dinge sind wichtig, um schlagfertig zu sein:

1. Haben Sie den Mut, auch mal frech zu sein und brechen Sie mit dem Wunsch, es allen recht machen zu wollen. Es ist gar nicht so wichtig, was Sie sagen, entscheidend ist, dass Sie etwas sagen.

2. Wenn Sie es schaffen, auch in Stresssituationen Ihre Meinung zu vertreten und Argumente zu finden, wird Ihnen eine hohe persönliche Integrität zugesprochen.
3. Statt den Angriff persönlich zu nehmen, reagieren Sie lieber humorvoll. Sich selbst und den anderen nicht zu ernst zu nehmen, lässt Sie gelassen wirken. Sowohl ein gesundes Selbstwertgefühl hilft Ihnen als auch die Annahme, dass Ihre Mitmenschen es gut mit Ihnen meinen.

6.1 Was Ihnen Schlagfertigkeit bringt

Es lohnt sich, an der eigenen Schlagfertigkeit zu arbeiten. Was sich dadurch für Sie verbessert:

- Sie verschaffen sich **Respekt unter den Kollegen**.
- Sie machen einen **souveränen Eindruck**.
- Sie steigern Ihr **Selbstwertgefühl**.

6.1.1 Selbstoffenbarung und Authentizität als Schlagfertigkeitstechnik

Ich selber bin ein großer Freund der Selbstoffenbarung. Ich werde Ihnen hier kurz die wichtigsten Techniken aufführen, jedoch nützt es meiner Erfahrung nach wenig, denn in der Situation selber werden diese Ihnen nicht viel helfen. Daher ist der erste, in meinen Augen wichtigste Schritt, der, überhaupt irgend etwas zu sagen. Und bevor Sie lange suchen, was Sie jetzt Witziges und/oder Geistreiches zurück geben könnten oder welche noch einmal diese witzige XY - Technik war, nehmen Sie, zumindest, wenn Sie noch nicht so geübt und forsch auf diesem Gebiet sind, das erste, was Ihnen Ihr Körper zeigt: Nämlich das Gefühl, was diese Verbalattacke mit Ihnen gemacht hat. Das kann so etwas sein wie:

- Ich empfinde Ihre Äußerung als unverschämt

- Da muss ich jetzt erst mal schlucken

- Haben Sie gerade ....gesagt?

Was Sie mit diesen oder ähnlichen Äußerungen tun, ist folgendes: Sie reden in Ich-

Botschaften bzw. offenbaren sich bzw. benennen Ihre Gefühle. Sie machen sich so nicht angreifbar! Gleichzeitig zeigen Sie, dass Ihnen die Übergriffigkeit nicht entgangen ist, mehr noch, Sie stellen sie bloß. Die Frage unter Spiegelstrich Drei hilft Ihnen a) Zeit zu bekommen und so ggf. noch eine pfiffige Antwort zu finden und b) Klärung zu erbitten bzw. Missverständnisse auszuschließen. Alle drei Formen sind meiner Meinung nach sehr elegant.

- Sie zeigen, dass Sie die Attacke sehr wohl verstanden haben.
- Sie zeigen, dass gerade eine Grenze bei Ihnen überschritten wurde.
- Sie zeigen, dass Sie in der Lage sind, sachlich zu bleiben – also souverän bleiben können.
- Sie zeigen, dass Sie Ihrem Angreifer nicht auf Anhieb diese Wichtigkeit geben, sofort zurückzuschlagen (Das können Sie im Übrigen auch in einer späteren Situation immer noch).

Denken Sie immer daran, dass „coole Sprüche" toll und lustig sind, doch gerade im Job und im Business-Kontext haben diese Sprüche meist ihren Preis. Machen Sie sich klar, ob Sie diesen Preis bereit sind zu zahlen! Sollte es sich bei den verbalen Angriffen auch noch um Angriffe handeln, die von Ihrem Chef oder Vorgesetztem kommen, haben Sie ein doppelt kniffliges Thema. Seien Sie auf der Hut! Allzu oft werden hier schnippische Bemerkungen dazu genutzt, um Sie zu provozieren. Wenn Sie darauf eingehen, schnappt die Falle zu. Ihnen wird dann im Nachhinein der schwarze Peter zugeschoben, wenn Sie sich auf diese Provokation einlassen. Bleiben Sie professionell und vor allem, bleiben Sie bei sich! Wenn Sie von **Ihrer** Wahrnehmung sprechen („da muss ich jetzt erst mal schlucken" etc.), kann Ihnen niemand hinterher Emotionalität, Unprofessionalität oder gar einen offenen Angriff auf Ihr Gegenüber/Ihren Vorgesetzten vorwerfen. Gerade bei uns Frauen ist das Eis doppelt dünn. Erwehren wir uns, wird unsere Retourkutsche sofort als „schnippisch" oder „zickig" eingestuft. Einem „Oh, Frau...hat wohl wieder ihre Tage..." ist sofort Tür und Tor geöffnet.

Sollten die Angriffe weiter bestehen bleiben, wäre die nächste Stufe, klar zu stellen, dass Sie auf diesem Niveau nicht weiter sprechen möchten, dass Sie bitte wieder zurück auf die sachliche Ebene kommen möchten. Sollte die Sache trotzdem unangenehmer werden und Sie sich zunehmend unwohl fühlen, wägen Sie ab, ob Sie sich dauerhaft dieser Umgebung aussetzen möchten. Sie kennen sicherlich den Ausdruck: Love it, leave it or change it.

Doch wie gesagt, Schlagfertigkeit muss nicht direkt böse oder anstrengend werden. Wir widmen uns hier eher der „freundlichen" und humorvollen Variante. Machen Sie sich bitte immer klar: Ist das hier überhaupt ein Angriff oder ist es eventuell gar nicht böse gemeint? Auch hier hilft wieder eine positive Einstellung zu sich und dem Gegenüber sowie viel Humor.

Doch nun kurz zu einigen Techniken.

6.1.2 Weitere Techniken

Die Rückfrage-Taktik

Diese Taktik lässt sich sehr gut und einfach anwenden. Sie spielen den Ball direkt zurück an Ihr Gegenüber.

Beispiel

> **Kollege:** "Im Urlaub haben Sie aber zugelegt."
> **Sie:** Ja, das kann sein. Wie war Ihr Urlaub denn so? Scheinbar war das Essen ja nicht so gut.
>
> Oder
>
> **Kollege:** Meinen Sie, mit diesen Qualifikationen kommen Sie sehr weit?
>
> **Sie:** Welche Qualifikationen benötigen Sie denn?

Die Umkehr-Taktik

Mithilfe dieser Taktik drehen Sie den Spieß um und stellen Ihr Gegenüber bloß. In der Regel hat diese Reaktion einen großen Unterhaltungswert für alle anderen. Doch Vorsicht: Damit machen Sie sich schnell Feinde und sollten mit einer Retourkutsche rechnen.

Beispiel

> Winston Churchill war für seine Schlagfertigkeit berühmt. Bei einer Abendgesellschaft soll eine gewisse Lady Astor zu ihm gesagt haben: „Wenn ich Ihre Frau wäre, würde ich Ihnen Gift in den Kaffee mischen!“. Darauf entgegnete Churchill: „Und wenn ich Ihr Mann wäre, dann würde ich ihn trinken“.

Die Zustimmungs-Taktik

Statt sich zu verteidigen, geben Sie Ihrem Angreifer einfach recht. Vorwürfe und Provokationen laufen auf diese Weise ins Leere.

Beispiel

> Der ehemalige SPD Vorsitzende Sigmar Gabriel wurde bei der Bundespressekonferenz nach der Unterzeichnung des Koalitionsvertrags vor einigen Jahren darauf angesprochen, wie er es finde, dass er und Alexander Dobrindt nun Teil des Kabinetts seien. Dobrindt hatte Gabriel als "übergewichtig und unfähig" bezeichnet. Gabriel antwortete gelassen: "Zumindest zu der einen Hälfte hat er ja recht".

Die Übersetzungs-Taktik

Mit dieser Taktik „übersetzen“ Sie die Worte Ihres Gegenübers. Damit drehen Sie die Aussage zu Ihrem Vorteil.

Beispiel

> Ihr Kollege unterstellt Ihnen. "Sie sind doch nur eine Marionette des Chefs!" Darauf antworten Sie: "Sie meinen damit, dass es viel Fingerspitzengefühl braucht, um mich zu führen?"

Die Ausweich-Taktik

Bei dieser Taktik gehen Sie überhaupt nicht auf den Inhalt des Vorwurfs ein, sondern machen es zum Thema, wie aktuell miteinander geredet wird. So bringen Sie die unsachliche Art der Kommunikation zur Sprache. Gleichzeitig isolieren Sie Ihr Gegenüber mit seiner Aussage.

Beispiel

> Sie werden in einem Meeting von Ihrem Kollegen dafür kritisiert, nur „schwachsinnige Ideen" zu haben.
> Ihre Antwort darauf: "Unsachliche Bemerkungen wie diese bringen uns nicht weiter. Wir alle sind daran interessiert, möglichst schnell zu einem Ergebnis zu kommen. Ich bitte Sie, sich auf die richtigen Umgangsformen zu besinnen."

Über diese Technik haben wir weiter oben bereits gesprochen. Sie lässt sich, neben der Selbstoffenbarung, sehr gut und sehr einfach anwenden.

Damit Sie sich erst gar nicht auf das verbale Feld begeben müssen, hilft auch hier natürlich wieder unsere Körpersprache!

6.1.3 Körpersprache als Schlagfertigkeitstechnik

Neben den richtigen Worten, braucht es für eine schlagfertige Reaktion auch die richtige Körpersprache. Machen Sie sich nicht klein und schauen verschämt zu Boden. Stehen Sie auf und schauen Ihrem Gegenüber direkt in die Augen. Eine **aufrechte Körperhaltung und direkter Blickkontakt** signalisieren Ihrem Gegenüber, dass Sie keine Angst empfinden und sich nicht einschüchtern lassen. Wenn Sie gezielt einen Hochstatus herstellen möchten, hilft es dazu oft, ein klein wenig **das Kinn höher zu tragen** als üblich. Versuchen Sie diese Pose vor Ihrem Spiegel aus. Die Wirkung ist frappierend. Ein hoch getragenes Kinn lässt Sie aggressiver bzw. arroganter - eben „hochnäsiger"- erscheinen.

6.1.4 Lernen Sie, schlagfertiger zu werden

Jeder kann lernen, schlagfertiger zu werden. Ein großer, aktiver **Sprachschatz** ist dazu allerdings Voraussetzung. Denn natürlich lebt jeder Konter auch vom cleveren Sprachspiel, vom scharfen **Wortwitz.** Lesen Sie also viel, reden Sie viel und üben, üben, üben Sie mit Worten zu spielen. Vor allem aber üben Sie, offensiver zu werden. Wer Angst hat, etwas Falsches zu sagen, wird nie schlagfertig. Sehen Sie es als Spiel. Als Wort-Spiel. Schauen Sie sich begnadete Rhetoriker auf Youtube an, lesen Sie die Sprüche von Winston Churchill oder Robert Lembke oder schauen Sie sich die alten Bud-Spencer-Filme an. Was immer Ihnen hilft, nehmen Sie es sich zur Inspiration.

Tempo entscheidet bei der Schlagfertigkeit freilich ebenfalls. Der Konter lebt von der **Überraschung**. Wer unter Beschuss gerät, den treibt jedoch oft die Schrecksekunde in die Defensive. Diese Starre zu überwinden - das ist die schwerste Lektion. Auch hier gilt wieder: Sehen Sie verbale Balgereien als „Wort-Spiele" an! Nehmen Sie den verbalen Giftpfeil nie persönlich! Eher noch als Kompliment: Immerhin widmet Ihnen da einer so viel Aufmerksamkeit, dass er Sie als Zielscheibe ausgewählt hat. Und wer steckt sich schon kleine Ziele? Eben.

6.2 Eristik als Selbstverteidigung

Falls Sie in diesen Techniken fortgeschritten sind und es mal mit einem ganz fiesen Hund zu tun bekommen, können Sie sich gerne noch in der **Kunst der Eristik** üben. Das ist die böse

Stiefschwester der Rhetorik, bei der es nicht mehr nur darum geht, einen Angriff zu parieren oder das beste Argument in den Vordergrund zu stellen, sondern einen **Streit mit allen fiesen Mitteln zu gewinnen**. Ziel ist, den Gegner auszutricksen, lächerlich zu machen, zu diskreditieren - obwohl dieser möglicherweise sogar Recht oder die besseren Argumente hat. Das allerdings gehört nun wirklich nicht ins Büro und dient allenfalls als letzter Schritt zur Selbstverteidigung. Deren Techniken zu kennen, ist dennoch ratsam - und sei es nur, um richtig gemeine Attacken zu parieren. Umgekehrt ist es für Sie wichtig, diese Art der „dirty tricks" einmal gehört zu haben, damit Sie merken, wenn so etwas gerade mit Ihnen gemacht wird. Folgende Tipps werden Eristikern nahegelegt:

- **Den Gegner wütend machen.** Wer vor Wut schäumt, kann keinen klaren Gedanken mehr formulieren. Bewährtes Mittel: Schikane, Unterstellung, Unverschämtheiten und dem Gegner wiederholt Unrecht tun. Übrigens: Gerät der Gegner bei einem Streitpunkt unerwartet in Rage, ist das ein gutes Indiz für einen wunden Punkt. Erfahrungsgemäß sind seine Argumente hier besonders schwach und emotional. Sofort nachbohren!

- **Falsche Schlussfolgerungen ziehen:** Unverschämt, aber nicht minder wirkungsvoll ist, mehrere Antworten, die nicht der gewünschten Meinung entsprechen, mit einer **falschen Schlussfolgerung** zusammen zu fassen: "Sie sagen also, dass...". Sagt der Gegner natürlich nicht, bringt ihn aber in Rage.

- **Die These des Gegners überhöhen und möglichst allgemein darstellen**, die eigene dagegen sehr konkret und in knappen Worten. So wird die gegnerische These wesentlich angreifbarer, sie bietet mehr Fläche.

- **Kreuzverhör**. Identifizieren Sie **Argumente, die mit etwas in Widerspruch stehen**, was der Gegner angeblich früher schon einmal gesagt hat. Genauso wirken Argumente, die mit etwas in Widerspruch stehen, das der Gegner früher gelobt hat. Das Ziel hierbei: Die Glaubwürdigkeit des Gegenübers wird untergraben.

- Dieselbe Technik funktioniert auch mit Fragen: Der Gegner wird mit einem **Trommelfeuer aus Fragen** belegt, bei denen er den Überblick und das Motiv dahinter aus den Augen verliert. Am Ende werden alle bestätigten Punkte rasch zusammengefasst.

- Beliebt auch: Das eigentliche Ziel, etwa die Bestätigung für einen heiklen Punkt, zu **verschleiern** und in einzelne Prämissen zu zerlegen. Diese lässt man sich dann im Laufe der Debatte und in wilder Reihenfolge einzeln bestätigen. Am Ende ist es leicht, den Sack zuzumachen: "Sie haben ja schon zugegeben, dass ... und dass ... und dass ..., daraus kann nur eines folgen: Es ist so wie ich sage!"

- och gemeiner: Dem Gegner zum **Schein** zustimmen. Anschließend seine Thesen und Argumente überhöhen und übertreiben, dabei seine Zustimmung suggestiv provozieren (Kopfnicken reicht) und anschließend die **Übertreibung genüsslich widerlegen**: "Aber das ist natürlich Quatsch!". Das schlägt gleich zwei Fliegen mit einer Klappe: Der Gegner steht da wie ein Depp und sein Pulver ist verschossen.

- Genauso wirkt, die These zu bestätigen, aber bezweifeln, dass sie **praxistauglich** ist: "Auf dem Papier sieht das ja hübsch aus. Aber wie soll das jemals funktionieren?".

- Ein plötzlicher und heftiger **Wortschwall** verblüfft manche Gegner so sehr, dass sie aus dem Konzept kommen. Die antiken Sophisten empfahlen sogar, **statt zu antworten, plötzlich loszulachen**, um den Gegner zu verunsichern. Langes, **süffisantes Schweigen** funktioniert übrigens genauso.

Seien Sie sich bewusst, dass solche Mittel als unlauter zu betrachten sind. Überlegen Sie sich gut, ob sie diese anwenden möchten und sollten. Eventuell ist es in manchen Situationen nötig oder hilfreich. Ich möchte Sie hier ermutigen, immer erst den wertschätzenden Weg zu gehen. Aufführen möchte ich diese Methoden nichtsdestotrotz, alleine, damit Sie merken, wenn mit solchen Mitteln versucht wird, SIE zu manipulieren und zu verunsichern. Nur das, was wir kennen, „sehen" wir. Also erst, wenn Sie merken, dass diese Mittel gerade gegen Sie eingesetzt werden, können Sie reagieren – und sich entziehen oder entsprechend reagieren. (In diesem Fall würde ich übrigens als Schlagfertigkeitstechnik das Ansprechen wählen und sagen: „Kennen Sie den Ausdruck „Eristik"? Mir scheint, Sie arbeiten gerade damit!" o. ä.)

7. Humor und Allgemeinwissen

Sowohl für den Small Talk als auch für Ihre Schlagfertigkeit ist es von großer Wichtigkeit, dass Sie über ein gutes Allgemeinwissen verfügen. Eignen Sie sich dieses an. Um Ihren Wortwitz und allgemein Ihre Flüssigkeit im **Umgang mit Ihrer Sprache zu optimieren, schauen Sie Filme, besuchen Sie Vorstellungen von Comedians oder besuchen Sie Debatierclubs. Stellen Sie sich, wie weiter oben beschrieben, viele Fragen zu Ihren Vorlieben und Ihren Abneigungen**. Seien Sie sich Ihrer selbst und Ihrer Persönlichkeit bewusst. Wenn Sie sowohl um Ihre Stärken und Ihre Schwächen wissen und „gnädig" mit Ihren Schwächen umgehen, gelten Sie als sehr charismatische Person.

! Übung

Nehmen Sie sich jede Woche ein neues Gebiet vor, in dem Sie Ihr Wissen vervollständigen und aktualisieren.

Beispiel:

1. Woche: Weine

2. Woche: Komponisten

3. Woche: Designmöbelhersteller

4. Woche: Berühmtheiten und ihre Vermächtnisse

oder ähnliche Themengebiete.

8. Knigge für Beruf, Alltag und die nächste Weihnachtsfeier

Knigge alt und verstaubt? Ganz und gar nicht. Ich meine, dass wir uns - heute mehr als je zuvor - auf gute Umgangsformen zurück besinnen sollten. Zu groß ist die allgemeine Verunsicherung hinsichtlich Gepflogenheiten und Umgangsformen. Bei der Arbeit mit meinen Klienten stelle ich immer wieder fest, dass rüde Umgangsformen und „Unhöflichkeiten" sehr wohl wahrgenommen werden und als negativ erachtet werden. Von daher glaube ich, können Sie gerade heutzutage positiv punkten und positiv auffallen, wenn Sie um die guten alten Umgangsformen wissen und sie anwenden. Auch Tugenden, die heute als „soft skills" tituliert werden, helfen Ihnen, als vertrauenswürdig wahrgenommen zu werden. Ganz vorne an stehen hier Pünktlichkeit, Verlässlichkeit und Disziplin oder Zielstrebigkeit. Auch der Ausdruck „ein Mann ein Wort" sollte wieder gelten. (Natürlich sollte auch genauso „eine Frau ein Wort" gelten.)

Sie sind fachlich ganz weit vorne mit dabei? Glänzen Sie nun noch mit einwandfreien Umgangsformen, seien Sie verlässlich - und Sie sind Ihren Mitbewerbern um mehr als eine Nasenlänge voraus!

8.1 Knigge im Job

Wie verhalte ich mich bei einem Geschäftsessen? Wie begrüße ich wichtige Kunden oder Geschäftspartner? Viele Fettnäpfchen lauern auf diesem Feld auf Sie. Die Knigge - Akademie bietet regelmäßig Kurse an, investieren Sie in sich und Ihr Auftreten. Hier für Sie die wichtigsten Regeln:

- **Wahren Sie die Distanzzone beim Gespräch.** Selbst, wenn Sie privat Gespräche gerne aus nächster Nähe führen oder Ihr Gegenüber dabei berühren, sollten Sie beruflich davon Abstand nehmen. Die meisten Menschen empfinden es als unangenehm, wenn ihnen eine Person, die sie nicht gut kennen, zu nahe kommt. Denken Sie an die hier übliche Armlänge Abstand.

- **Bleiben Sie höflich.** Selbst in Stresssituationen sollten Sie nicht ausfällig werden und Ihre Wut an anderen auslassen. Wer eine – auch subtile - wutverzerrte Miene zieht, macht keinen souveränen Eindruck. Bleiben Sie stattdessen ruhig und hören Sie sich den Standpunkt Ihres Gegenübers an. Suchen Sie dann nach geeigneten Lösungen.

- **Kritik gehört immer in ein Gespräch unter vier Augen.** Niemand wird gerne auf seine Fehler und Schwächen hingewiesen. Möchten Sie Grundsatzdiskussionen führen oder vergangene Entscheidungen in Zweifel ziehen, tun Sie dies in einem persönlichen Gespräch. Stellen Sie Ihre Kollegen oder Ihren Chef nicht vor versammelter Mannschaft bloß. Vermeiden Sie es auch Allgemeinposten anzukreiden und beispielsweise Ihren Kritikpunkt mit den Worten "nie" oder "immer" einzuleiten. Benennen Sie lieber konkrete Situationen. Wenn Sie kritisieren, wenden Sie bitte die „Sandwichmethode" an: Benennen Sie etwas Positives, dann den Kritikpunkt und beenden Sie wieder mit einer positiven Bemerkung.

- **Achten Sie bei der Begrüßung auf die richtige Reihenfolge.** Zuerst wird immer die ranghöchste Person begrüßt, auch wenn eine (rangniedrigere) Dame anwesend ist. Danach gilt: Ältere Personen werden vor jüngeren und Damen vor Herren gegrüßt. Sollten Sie aus persönlichen Gründen doch lieber als erstes die Dame begrüßen, machen Sie kurz darauf aufmerksam, dass Sie um die Abweichung wissen. **Verzichten Sie hier jedoch bitte auf veraltete Gepflogenheiten bei der Begrüßung.** Heute ist es nicht mehr üblich, eine Frau mit einem Handkuss zu begrüßen. Und in der Regel sagt man statt "angenehm" eher "Ich freue mich, Sie kennenzulernen".

- **Empfangen und begleiten Sie Ihre Gäste.** Besucht Sie ein Kunde oder ein potenzieller Geschäftspartner in Ihren Räumlichkeiten, lassen Sie diese nicht allein durchs Haus irren. Nehmen Sie Ihre Gäste in Empfang und führen Sie diese zum Ort des Treffens. Begleiten Sie diese auch zur Tür nach Beendigung des Treffens.

- **Stecken Sie die Visitenkarte nicht einfach in die Tasche.** Üblicherweise werden bei Geschäftstreffen Visitenkarten ausgetauscht. Dabei ist es grob unhöflich, wenn Sie die Visitenkarte Ihres Gegenübers erhalten, diese ungesehen in die Tasche zu stecken. Nehmen Sie sich einige Sekunden Zeit diese zu studieren und verstauen Sie das Kärtchen sorgfältig in Ihren Unterlagen. Haben Sie auch unbedingt Ihre eigene Visitenkarte dabei. Sie zeigen so, dass Sie vorbereitet sind und Interesse an einem weiteren Austausch haben.

- **Nehmen Sie bei Geschäftstreffen Anrufe nur in dringenden Fällen an.** Wer bei einem Treffen mit einem Kunden oder Geschäftspartner ständig ans Telefon geht, zeigt damit, dass alles andere wichtiger ist, als die aktuelle Zusammenkunft. Klingelt das Mobiltelefon ständig, sorgt das auch für Unruhe und verhindert das Fortschreiten der Konversation. Auch als grob unhöflich gilt es das Smartphone demonstrativ auf dem Tisch zu platzieren. Seien Sie sich auch bewusst darüber, welchen Eindruck Ihr Klingelton erweckt.

- **Sprechen Sie Ihren Gesprächspartner mit dem akademischen Titel an, sofern dieser einen führt.** Zwar gibt es zahlreiche akademische Titel, doch in Deutschland werden nur Träger eines Doktor- oder Professorentitels auch mit diesem angesprochen. Prof. Dr. med. Dr. rer. nat. - wie soll man da noch wissen, wie die betreffende Person anzusprechen ist? Hier gilt: Verwenden Sie nur den höchsten Titel. Weglassen können Sie den Titel, wenn es Ihnen von Ihrem Gesprächspartner angeboten wird. Von sich aus sollten Sie das nicht tun.

- **Wahren Sie auch in einer E-Mail die Höflichkeitsform.** Eine E-Mail ist nicht so förmlich wie ein Brief. Doch trotzdem sollte man sich die Zeit für Höflichkeit nehmen. Steigen Sie nicht vorschnell auf das "Hallo" um, sondern bleiben Sie bei "Sehr geehrte/r". Verzichten Sie auf Abkürzungen, wie Mfg. Nur in der internen Kommunikation können E-Mails auch formloser geschrieben werden. Auch hier zeigen Sie wieder, wie viel Zeit und Aufwand Sie für Ihren Kunden aufwenden.

- **Seien Sie bei Meetings pünktlich.** Wurde eine bestimmte Zeit für ein Meeting vereinbart, sollten Sie sich bereits fünf Minuten vorher in dem entsprechenden Raum einfinden. Es ist unhöflich Ihre Kollegen warten zu lassen. Zusätzlich verhindern Sie damit, dass Sie abgehetzt in ein Meeting stürmen, die Hälfte Ihrer Unterlagen vergessen oder vor lauter Eile stolpern. So ein Verhalten lässt Sie planlos, unvorbereitet und unprofessionell wirken. Unpünktlichkeit wird gerne von Vorgesetzten genutzt, um den eigenen Hochstatus herauszustellen. Sollten Sie also auch noch obendrein beim Meeting nicht der Ranghöchste sein, unterlassen Sie es bitte doppelt, unpünktlich zu sein.

- **Duzen Sie nicht zu vorschnell.** Das "Du" wird immer vom Ranghöheren angeboten. Wird es Ihnen vom Chef auf einer Betriebsfeier unter Alkoholeinfluss angeboten, sollten Sie nur dabei bleiben, wenn er sich auch noch nach der Feierlichkeit daran erinnert. Achten Sie auch hier auf Ihr Umfeld: In Kreativagenturen wird viel eher geduzt, als bpsw. im Bankwesen.

- **Bleiben Sie bei Komplimenten unverfänglich.** Jeder wird gerne gelobt und fühlt sich geschmeichelt, wenn er Komplimente erhält. Doch Obacht! Vor allem Männer sollten vorsichtig mit Komplimenten über das Aussehen einer Kollegin sein. Loben Sie stattdessen Leistungen und Charakterzüge.

- **Bleiben Sie beim Small Talk positiv.** Erinnern Sie sich: Beim Small Talk geht es nicht um tiefgründige Inhalte, sondern darum, einander kennenzulernen, Gemeinsamkeiten zu entdecken und die Basis für eine gute Beziehung zu legen. Das schaffen Sie nicht, wenn Sie nörgeln oder alles schlecht machen. Vermeiden Sie auch Themen, die zu Differenzen führen könnten, wie beispielsweise politische Debatten oder religiöse Ansichten.

- **Bietet Ihnen ein Geschäftspartner oder ein Kollege eine Mitfahrgelegenheit an, setzen Sie sich nicht auf die Rückbank.** Nur, wenn Sie chauffiert werden oder in ein Taxi steigen, nehmen Sie Platz auf der Rückbank. Bei Geschäftspartnern und Kollegen gilt das als unhöflich und erschwert das Gespräch.

8.2 So benehmen Sie sich auf der Weihnachtsfeier

Während sich einige auf die Festlichkeiten freuen, bereitet es den anderen Stress. Was anziehen? Und was, wenn Sie sich auf der Feier daneben benommen haben und sich nun kaum noch ins Büro trauen? Was ist angemessen und was gehört sich nicht? Auch hier gibt es einige klare Verhaltenscodices.

Zunächst einmal zur Feier selbst: Da Weihnachtsfeiern meist am Abend und in der Freizeit stattfinden, wird diese nicht der Arbeitszeit zugerechnet. Rechtlich sind Sie somit nicht verpflichtet, an der Feier teilzunehmen. Moralisch jedoch schon. Seien Sie sich auch hier wieder bewusst, dass Sie niemals nicht kommunizieren können. Wenn Sie erscheinen, zeigen Sie Interesse und Wertschätzung. Wenn nicht, das Gegenteil.

Der größte Fettnapf ist meiner Meinung nach **übermäßiger Alkoholkonsum**. Zu schnell fallen hier Hemmungen und Hüllen. Steigen Sie unbedingt rechtzeitig auf Wasser um. Vermeiden Sie es auch unbedingt, auf der Feier (bzw. generell) mit Kollegen über andere Kollegen zu **tratschen**! Zu schnell steht plötzlich der Kritisierte hinter Ihnen oder Ihr Kollege und der Kritisierte sind bestens befreundet. Diese Peinlichkeit sollten Sie sich ersparen! **Negative Äußerungen** über das Unternehmen selbst oder das Essen sollten Sie selbstredend ebenfalls unterlassen. Bitte halten Sie sich auch mit **Intimitäten** und persönlichen Beichten zurück. **Kleiden Sie sich geschmackvoll dezent** und dem Anlass entsprechend und bleiben Sie, wie auch weiter oben beschrieben, **freundlich und professionell.**

Meine Notizen:

Nachwort

Sollten Sie all diese Anregungen und Tipps in Ihren Alltag und in Ihre Persönlichkeit integriert haben, gratuliere ich Ihnen. All das, was wir hier besprochen haben, ist in Nikolaus B. Enkelmanns Ausspruch destilliert, welches ich ganz zu Beginn des Buches zitiert habe:

In dem Moment, in dem Sie lernen, erfolgreich zu sprechen (hier zu verstehen sowohl verbal als auch nonverbal), *beginnt das erfolgreiche Leben!*

Seien Sie erfolgreich! Und haben Sie Spaß im Umgang mit Ihnen, Ihren Kommunikationskompetenzen und Ihren Mitmenschen!

Seien Sie ein charismatisches Kommunikationsgenie!

Das wünscht Ihnen

Ihre

Inés Hoelter

Weiteres zu mir und meinen Trainings finden Sie auf meiner Website www.ines-hoelter.com.

Sollten Sie Interesse haben, dieses Buch hören zu wollen, lade ich Sie ein, das **MP3** unter gleichnamigen Titel **Die Geheimnisse eines charismatischen Auftritts - *Wie Sie zu einem Kommunikationsgenie werden*** bei den einschlägigen Anbietern herunterladen.

Inés Hoelter

Die Geheimnisse eines charismatischen Auftritts

Wie Sie zu einem Kommunikationsgenie werden

Inhaltsverzeichnis

Printed by Books on Demand GmbH, Norderstedt / Germany